TIM ZIEGEWEIDT • SEBASTIAN BUCHNER

DUTCH OVEN

DEFTIGES AUS DEM DOPF

TIM ZIEGEWEIDT • SEBASTIAN BUCHNER

DUTCH OVEN

DEFTIGES AUS DEM DOPF

INHALT

WIR NOCH MAL

SAUERLÄNDER BBCREW

Da sind wir schon wieder. Die beiden Dicken aus dem Sauerland. Kommt dir irgendwie bekannt vor? Kein Wunder, so oder so ähnlich haben wir nämlich schon das Vorwort unseres zweiten Dutch-Oven-Buches begonnen. Wir können selbst kaum glauben, dass nun schon unser drittes Dutch-Buch auf dem Markt ist. Und diese Erfolgsgeschichte haben wir ganz klar euch zu verdanken – an dieser Stelle mal ein großes Dankeschön dafür! Hätten wir das Omma vor ein paar Jahren erzählt, die hätte uns den Piepvogel gezeigt.

Aber warum um Himmelswillen noch ein dritter Band? Klar, aller guten Dinge sind bekanntlich drei, aber mit dieser plattesten aller Plattitüden lässt du dich bestimmt zu Recht nicht abspeisen. Eigentlich ist die Antwort ganz einfach: Wir waren schlichtweg noch nicht am Ende mit unseren Ideen und Rezepten. Denn auch wir entwickeln uns ja ständig weiter. So haben wir munter rumexperimentiert: mit vermeintlich Dutch-untypischen Rezepten und leicht verrückten Gartechniken – wer zum Teufel hat zum Beispiel gesagt, dass der Deckel nicht mal unten sein darf und der Topf als Deckel benutzt werden kann? Wir bestimmt nicht! Und die Deep Dish Pizza von S. 76 gibt uns doch recht, oder?

Und dann gibt's da noch etwas, das wir noch mit dir teilen möchten. Wir haben nämlich einen eigenen Dutch Oven entwickelt. Und darauf sind wir schon ein bisschen stolz. All unsere Erfahrung am Dopf und die Anregungen und Fragen der Dutch-Community sind in die Entwicklung unseres Babys mit eingeflossen – also nicht nur BBCrew-Logo drauf und fertig. Nee, jahrelanges Ausprobieren, Trial & Error, ganz viel Herzblut und jede Menge verbrannte Kohle haben diesen Topf entstehen lassen. Falls es dich interessiert, schau doch mal auf S. 10 f. Falls nicht: nicht schlimm! Alle Rezepte in diesem Buch kannst du natürlich auch problemlos mit jedem anderen Dutch Oven nachbrutzeln.

So, nun aber genug aus dem Nähkästchen geplaudert: Wir wünschen dir viele schöne Stunden am Dopf und ganz viel Spaß mit den Rezepten in Teil 3 unserer Dutch-Oven-Trilogie. Neben brandneuen fleischigen Lieblingsgerichten findest du auch tolle Gerichte mit Fisch und anderen Meeeresbewohnern. Und auch wieder einige Veggie-Gerichte – denn oh Wunder: Diese kamen in Band 2 erfreulicherweise echt gut an, anscheinend sogar bei den Kerlen. Weiter so, Jungs!

Tim und Sebastian

Sauerländer BBCrew

AUF UNSEREM YOUTUBE-KANAL GIBT ES JEDEN MONTAG EIN NEUES DUTCH-OVEN-VIDEO. NATÜRLICH MIT JEDER MENGE #ZWIEBELLIEBE! WWW.YOUTUBE.COM/C/SAUERLANDBBCREW

#ZWIEBELLIEBE!

KAP-01

LOS GEHT'S

ALLES, WAS DU WISSEN MUSST

LOS GEHT'S

DUTCHEN MIT DER BBCREW

Der Dutch Oven und wir – das ist schon eine ganz besondere Liebe. Und so gibt es einfach immer wieder neue Gerichte, die wir im Dutch Oven ausprobieren. Die wir schmoren, schmurgeln und köcheln lassen. Die verbessert und verändert werden und dann perfekt schmecken und uns glücklich machen. Und weil es schließlich viel zu schade wäre, wenn nur wir Spaß daran hätten, teilen wir unsere Rezepte liebend gern mit Gleichgesinnten wie dir!

Ach ja, falls du uns noch nicht kennen solltest: „Wir", das sind Tim und Sebastian von der Sauerländer BBCrew. Das Sauerland, eine der letzten verbliebenen Wildnisse in Deutschland. Wo Fuchs und Hase sich Gute Nacht sagen. Genau dort kommen wir her. Von Fichten und Tannen umgeben haben wir das Grillen und Dutchen für uns entdeckt. Und seit 2014 machen wir das nicht mehr nur für uns, sondern quasi für ganz Deutschland – in unserem YouTube-Blog. Regelmäßig veröffentlichen wir dort Videos von unseren Grilleskapaden. Wenn du magst, schau doch mal rein. Der QR-Code auf Seite 7 führt dich direkt dorthin.

Falls du schon im Besitz unserer ersten beiden Bücher bist, wirst du in dieser Einleitung nicht wahnsinnig viel Neues finden. Als Profi bist du somit ganz offiziell aus diesem theoretischen Teil entlassen und darfst dich sofort nach Herzenslust den 50 brandneuen Rezepten widmen. Als Beginner empfehlen wir dir vorab die Lektüre der folgenden Seiten. Dort findest du viele nützliche Tipps zur Auswahl und Nutzung eines Dutch Ovens. Sollten trotzdem noch Fragen offen bleiben, kannst du dich gerne per Mail an uns wenden: buchfragen@sauerlaender-bbcrew.de

IN EIGENER SACHE

Wie schon im Vorwort erwähnt, sind wir unter die Dutch-Oven-Entwickler gegangen. In unserer langjährigen Dutch-Karriere sind uns nämlich bei den Töpfen immer wieder ein paar verbesserungswürdige Dinge aufgefallen. Nichts Gravierendes, eher Kleinigkeiten, aber doch irgendwie ein bisschen nervig. Auch von der Dutch-Community in unseren Seminaren und bei Events haben wir oft von ähnlichen Problemchen gehört. So reifte zunehmend der Gedanke, einen eigenen Dutch zu entwickeln. Schlussendlich haben wir uns mit der Outdoor-Firma Skandika zusammengetan und gemeinsam in stundenlangen Gesprächen und Versuchen den für uns perfekten Dutch Oven gestaltet.

Und was macht ihn nun für uns so perfekt? Zum einen gab es bei den Themen Reinigen und Einbrennen noch Luft nach oben, wie uns auch viele Mails aus der Dutch-Community gezeigt haben. Wir haben unserem Dutch daher eine andere Oberfläche verpasst. Er ist außen und innen emailliert, innen ganz glatt und außen rau – so behält er außen die klassische Optik, hat aber den Vorteil, dass er nicht eingebrannt und auch nicht eingeölt werden muss. Und besonders praktisch: Im Notfall kann der Topf sogar mit Spülmittel gereinigt werden und einen Test in der Spülmaschine hat er auch schadlos überstanden.

Des Öfteren erreichten uns zudem Anfragen von ratlosen Dutchern, die immer wieder die Erfahrung machen mussten, dass bei ordentlich Unterhitze die Kohlen in der Mitte ausgingen. Nach einigem Herumgetüftel kamen wir dahinter, dass es mit der zu geringen Fußhöhe zu tun hat, da so nicht alle Briketts ausreichend mit Sauerstoff versorgt wurden. Wir haben die Füße unseres Topfes daher einfach höher gemacht – so ist ordentlich Durchzug unter dem Topf, nichts geht aus und die Temperatur bleibt beim Anbraten konstant hoch.

Gleichzeitig haben wir auch bei der Form der Füße Hand angelegt. Denn bei Verwendung des Topfes auf einem Grill haben runde Füße das Problem, dass sie leicht in den Rost rutschen und im schlimmsten Fall sogar auseinanderbrechen. Wir haben unserem Dutch daher massive dreieckige Füße verpasst, die stabil auf dem Rost stehen. Und auch auf Brennerabdeckungen stehen sie super, sodass der Topf auf jedem Gasgrill super eingesetzt werden kann.

Und last but noch least haben wir noch den Deckel optimiert. Da wir selbst und viele andere Dutch-User den Deckel gerne als Pfanne benutzen, haben wir den Deckel tiefer gemacht und ihm so mehr Volumen gegeben. So passt mehr rein!

Rausgekommen sind letztlich 2 Dutch Oven in den Größen 4.5 und 9, im Set mit Deckelheber, Handschuh, Kochlöffel und einem Baumwollbeutel als Verpackung. Falls du neugierig geworden bist, findest du auf unserer Webseite weitere Infos dazu: www.bbqsauerland.de

Für das Nachdutchen der Rezepte in diesem Buch spielt es aber keine Rolle, welchen Topf du verwendest. Auf dem Markt gibt es unzählige Dutch Oven für jeden Bedarf und Geldbeutel. Wenn du noch keinen Dutch haben solltest und dir einen anschaffen möchtest, überleg dir vor dem Kauf genau, wo und wie du den Topf verwenden möchtest. Auf den Seiten 12/13 findest du ein paar zu bedenkende Punkte, die dir bei der Wahl des für dich passenden Dutch Ovens sicherlich helfen.

LOS GEHT'S

WELCHER TOPF DARF'S SEIN?

Bevor du dir einen Dutch Oven anschaffst, solltest du dir erstmal klar machen, was genau du mit dem Topf vorhast und wie du ihn verwenden möchtest.

DIE FUß-FRAGE

Eine wichtige Frage, die du dir vor dem Kauf stellen solltest, ist: Brauche ich einen Topf mit oder ohne Füße?

Möchtest du den Topf auch auf einer Herdplatte oder einem Gaskocher verwenden können, dann brauchst du einen Dutch Oven ohne Füße. Um ihn aber darüber hinaus auch mit Briketts heizen zu können, müsstest du dir zusätzlich ein extra Gestell/Ständer anschaffen. Die sind aber nicht teuer und bei vielen fußlosen Töpfen sogar im Lieferumfang inbegriffen.

Auch darf der Deckel dann nicht gewölbt sein, wenn du ihn sowohl für den Herd als auch mit Briketts nutzen möchtest, denn sonst würden die Briketts ja runterkullern.

Bei einem Topf mit Füßen kannst du problemlos mit Briketts heizen, dafür ist er quasi geschaffen. Das Ding auf dem Herd zu benutzen entfällt aber komplett. Wenn du ihn auf einem Kohle- oder Gasgrill benutzen möchtest, kannst du aber zum Beispiel einen Pizzastein unterlegen.

DECKEL ALS PFANNE

Möchtest du mit Briketts heizen und den Deckel als Pfanne verwenden können, darf der Griff des Deckels nicht höher sein als die Füßchen. Bei dem Bild auf Seite 15 kannst du gut erkennen, dass das der Fall ist. Diesen Deckel kannst du also einfach umdrehen, auf die Briketts stellen und als Pfanne benutzen. Es gibt auch ganz ebene Deckel, die du als Pfanne auf dem Holzkohle- oder Gasgrill benutzen kannst.

WIE GROß MUSS ER SEIN?

Jetzt gilt es nur noch, sich für die richtige Größe zu entscheiden. Hier im Buch verwenden wir die Größen ft 4.5, ft 6 und ft 9. Aber unterschiedliche Hersteller benennen die Töpfe unterschiedlich. Zu deiner Orientierung: Im Wesentlichen werden die Maße Durchmesser in Zoll oder Volumen in Liter verwendet. Und die ft-Angaben entsprechen in etwa der Litermenge. So passen also etwa 4,5 Liter in einen ft 4.5 und so weiter.

Du wirst im Internet bestimmt auch mal an dem Kürzel qt vorbeikommen, das einer Zahl angehängt wird. Auch da handelt es sich um die Literangabe: Ein 6-qt-Topf fasst also etwa 6 Liter. Für die Umrechnung von ft zu Zoll hilft dir die folgende Tabelle weiter:

FT	ZOLL
FT 3	8 ZOLL
FT 4.5	10 ZOLL
FT 6	12 ZOLL
FT 9	12 ZOLL TIEF
FT 12	14 ZOLL TIEF

Wir empfehlen für den Start einen ft 4.5 oder ft 6, die für 3–6 Personen geeignet sind. Welchen Topf wir verwenden, ist bei jedem Gericht aufgeführt.

Du hast eine andere Topfgröße? Dann kannst du die Zutatenmengen genauso wie die Brikettmengen ganz einfach nach Dreisatz umrechnen. Oder du guckst hier:

FT 4.5 IN FT 3: 2/3 DER MENGEN

FT 4.5 IN FT 6: PLUS 1/3

FT 4.5 IN FT 9: DAS DOPPELTE

FT 6 IN FT 3: 1/2 DER MENGEN

FT 6 IN FT 4.5: 3/4 DER MENGEN

FT 6 IN FT 9: PLUS 1/2

FT 9 IN FT 3: 1/3 DER MENGEN

FT 9 IN FT 4.5: 1/2 DER MENGEN

FT 9 IN FT 6: 2/3 DER MENGEN

LOS GEHT'S

REINIGUNG UND PFLEGE

EINBRENNEN ODER NICHT

Einbrennen musst du eigentlich nur aus zwei Gründen: Der Topf ist beim Neukauf noch nicht eingebrannt gewesen oder Lagerung und Pflege waren suboptimal und der Topf hat Rost angesetzt.

Häufig kommt ein neuer Topf schon fertig eingebrannt bei dir zu Hause an. Dann musst du ihn lediglich mit heißem Wasser durchspülen und kannst dann direkt loslegen.

Ob dein Dopf eingebrannt ist, erkennst du an einer Art schwarzer Patina auf der Oberfläche. Ist dein Dutch Oven dagegen blitzeblank, solltest du den Topf zunächst mit Pflanzenöl bei hohen Temperaturen einbrennen.

Da sich beim Einbrennen ganz schön Rauch entwickeln kann, solltest du den Spaß am besten draußen im Grill machen und nicht im Backofen in der Wohnung. Geht aber auch.

Den sauberen und trockenen Dutch Oven von innen und außen mit Raps- oder Sonnenblumenöl einreiben. Mit der Öffnung nach unten auf einen Grillrost setzen, den Deckel einfach obenauf legen. 1 ½ Stunden lang bei etwa 200–250 °C einbrennen. Die schwarze Patina, die dabei entsteht, ist quasi die Antihaftbeschichtung.

Je häufiger ein Dutch Oven verwendet wird, umso schöner wird schlussendlich auch die Patina, die ein Festkleben oder Anbacken des Gargutes verhindert. In guten Töpfen lassen sich mühelos Pfannkuchen oder auch Reibeplätzchen backen, ohne dass du hinterher mit Hammer und Meißel dran musst, um eingebrannte Essensreste zu entfernen.

LANGSAM EINGEWÖHNEN

Selbst wenn du einen fertig eingebrannten Topf gekauft hast, solltest du deinem Schätzchen ein bisschen Zeit gönnen, bis sich reichlich Patina gebildet hat. Verwende daher am Anfang etwas mehr Öl oder bereite erstmal Speisen zu, die sehr flüssig sind (z. B. unsere feinen Suppen, Gulasch oder das Boeuf Bourguignon).

SO WIRD DER TOPF BLITZBLANK

Für die meisten Töpfe ist Spülmittel tabu! Sie werden schlicht und einfach mit heißem Wasser und einer Spülbürste gewienert. Nur wenn der Topf wie unserer emailliert ist, darf bei extrem fettigen Verschmutzungen auch Spülmittel zum Einsatz kommen. Sollte mal was angebrannt sein, gibt es Ringreiniger (sieht aus wie ein Stück aus einem Kettenhemd). Nach dem Reinigen muss der Topf gut trocknen. Anschließend wird er innen und außen mit einem Pflanzenöl (zum Beispiel Rapsöl) oder mit einer Pflegepaste eingerieben. So verhinderst du, dass der Topf rostet.

Wir verwahren übrigens immer die Verpackung des gekauften Dutch Ovens auf und verstauen ihn nach der Nutzung wieder darin. Du kannst aber auch eine Transporttasche oder eine Holzkiste für deine Töpfe aus Gusseisen im Handel bekommen.

WICHTIGES ZUBEHÖR

Ein Deckelheber, mit dem man den heißen Deckel samt Kohlen sicher abheben kann, ist unerlässlich. Genauso wie feuerfeste Handschuhe.

Wenn du keine Stelle hast, wo der Dutch Oven stehen kann ohne Rasen oder Terrasse zu verbrennen, brauchst du noch eine Platte zum Unterlegen. Zum Beispiel Steine aus Schamott, Bauxit oder Magnesit. Wir haben, weil sie gerade da waren, welche aus Waschbeton genommen, ging auch.

Eine Zange zum Positionieren der Kohlen kann auch manchmal sehr hilfreich sein.

Eine Pflege- bzw. Einbrennpaste ist ein nettes Gimmick, aber nicht zwingend erforderlich.

Und natürlich ein Anzündkamin zum Durchglühen der Briketts (siehe S. 20).

TIPP

So benutzt und reinigst du den Dutch Oven

LOS GEHT'S

JETZT WIRD'S HEIß

KOHLE, BRIKETTS ODER OFFENES FEUER?

Wenn du mit der Glut eines offenen Feuers heizen möchtest, brauchst du wahrscheinlich etwas Erfahrung, um Hitze und Glutdauer richtig einschätzen zu können. Steht der Topf direkt im Feuer und nicht nur auf der Lagerfeuerglut, musst du den Topf eventuell zwischendurch drehen, damit er gleichmäßig Hitze bekommt. Du musst auch regelmäßig in den Dutch Oven hineinschauen, ob irgendwas ansetzt, da du die Temperatur nicht richtig gut steuern kannst. Backen über offenem Feuer ist sehr schwierig, da beim Backen mehr Oberhitze benötigt wird. Über offenem Feuer wird also eher geschmort und gegart als gebacken. Außerdem empfehlen wir das Garen über dem offenen Feuer auch eher für Fortgeschrittene. Als Anfänger bleib doch besser bei Briketts oder dem Kohle- oder Gasgrill.

Wenn du die Wahl hast zwischen Kohle und Briketts: nimm Briketts. Sie glühen deutlich länger als Holzkohle und lassen sich leichter und gleichmäßiger positionieren. Holzkohlestücke haben zudem oft sehr unterschiedliche Größen und machen es daher schwieriger, die Temperatur zu steuern.

BESONDERE BRIKETTS

Ideal sind Buchen- oder Kokosbriketts. Letztere haben eine sehr lange Brennzeit von fast 6 Stunden. Wir sind mittlerweile Fans von den sogenannten „Cubes", die, wie ihr Name schon sagt, Würfel sind. Bedingt durch ihre Form können sie nicht wegrollen – ein Traum! Darüber hinaus passen sie perfekt unter den Dutch Oven.

Der Preis dieser Kokosbriketts ist gegenüber Standardbriketts ein wenig höher, dies wird durch die deutlich längere Brenndauer und den daraus resultierenden geringeren Materialeinsatz ausgeglichen.

Außerdem gibt es noch Briketts, die aus Hartholzspänen und Sägemehl hergestellt werden. So wird echt nachhaltig aus dem Abfall der Möbelindustrie noch etwas Sinnvolles hergestellt. Die Briketts von Greek Fire zum Beispiel werden in eine 6-eckige Stangenform gepresst und in dieser Form dann gebrannt. Die so entstehenden langen Stangen kann man ganz verwenden oder man bricht sich Stücke von etwa 4–5 cm ab und glüht diese dann durch.

Durch das Loch in der Mitte und die leicht poröse Art brennt dieser Brennstoff bei ausreichender Sauerstoffzugabe extrem heiß, was ihn für starkes Anbraten im Dutch Oven prädestiniert, gleichzeitig ist er aber auch bei einer Ober-/Unterhitzen-Verteilung echt stark.

Die Briketts können kurz ins Wasser eingetaucht und so komplett gelöscht werden. Dann kann man sie tatsächlich beim nächsten Mal erneut durchglühen und zu Ende verwenden. Dies und die lange Brenndauer gleichen auch hier die etwas höheren Kosten gegenüber normalen Briketts aus.

Für die Rezepte in diesem Buch geben wir immer die Anzahl von stinknormalen Briketts sowie deren konkrete Positionierung und die ungefähr erzeugte Temperatur an.

Wenn du einen Gasgrill für deinen Dutch Oven benutzt, findest du auf Seite 22 nützliche Infos.

LOS GEHT'S

JETZT WIRD'S HEIß

MENGE DER BRIKETTS

Die Brikettmenge ist zum einen von der Dopfgröße abhängig. Darüber hinaus kommt es darauf an, ob du anbraten, schmoren oder überbacken möchtest. Indem du auf, unter oder auf und unter den Dutch Oven durchgeglühte Briketts legst, kannst du sowohl reine Unterhitze zum Anbraten, Oberhitze zum Überbacken und Gratinieren als auch Ober-/Unterhitze zum Backen oder Schmoren erzeugen.

Häufig brauchen wir sogar unterschiedliche Hitzearten: Wir braten erst mit Unterhitze an und stellen später auf Ober-/Unterhitze um. Außerdem ist es noch wichtig, ob es gerade windig, extrem kalt, regnerisch oder sonst wie witterungstechnisch wechselhaft ist. Wie so oft hilft es da, den gesunden Menschenverstand einzuschalten. Ansonsten gilt: lieber zu wenig als zu viel. Und je öfter du dopfst, desto besser wird dein Gefühl für die Menge an Briketts.

Die Mengenangaben hier im Buch beziehen sich wie schon gesagt auf stinknormale Briketts. Verwendest du Kokosbriketts, kannst du ⅓ weniger Briketts nehmen. Bei den Sägespänen-Briketts entsprechen 4–5 cm der Stange einem Normalo-Brikett.

FAUSTREGELN UND TIPPS

■ Zum Köcheln von Suppe und Eintopf: ⅓ der Briketts auf den Deckel und ⅔ unter den Feuertopf legen.

■ Zum Backen von Brot und Kuchen: ⅔ der Briketts auf den Deckel und ⅓ unter den Feuertopf legen. Um zu verhindern, dass unter dem Topf sog. Hot Spots (punktuell sehr heiße Stellen) entstehen, die Briketts am äußeren Rand als Kreis unter dem Dutch Oven verteilen. Die Hitze kann in die Mitte ziehen, aber es wird nicht zu heiß.

■ Fleisch und Fisch können entweder auch mit ⅔ oben zu ⅓ unten zubereitet werden, aber auch mit ½ zu ½.

■ Um eine ausgewogene Ober-/Unterhitze zu erzeugen, musst du mehr Briketts auf den Deckel legen, da die Briketts von oben etwas schlechter heizen (sie sind nicht so gut geschützt wie unten).

■ Wenn die Briketts unten immer wieder ausgehen, ist der Abstand zum Topf vielleicht zu gering und die Briketts bekommen nicht genug Sauerstoff. Dann ggf. Steine unterlegen, um den Abstand zu vergrößern.

■ Es gibt auch supersuper Briketts, von denen brauchst du 10–15 % weniger, das müsste dann aber auch auf der Packung der Briketts vermerkt sein.

BRIKETT-TABELLE

FT 4.5	160–180 °C	200–225 °C
GESAMT	15	21
OBEN	9	14
UNTEN	6	7

FT 6	160–180 °C	200–225 °C
GESAMT	24	30
OBEN	14	20
UNTEN	10	10

FT 9	160–180 °C	200–225 °C
GESAMT	24	30
OBEN	15	21
UNTEN	9	9

FT 12	160–180 °C	200–225 °C
GESAMT	28	38
OBEN	17	25
UNTEN	11	13

(Quelle: Petromax)

LOS GEHT'S

JETZT WIRD'S HEIß

BRIKETTS DURCHGLÜHEN

Um den Topf ordentlich zu heizen, müssen die Briketts richtig durchgeglüht sein. Am einfachsten geht das mit einigen Grillanzündern in einem Anzündkamin. Der Kamineffekt in dem Metallzylinder mit Griffen sorgt für schnelles und sicheres Anzünden. Dazu den Grillanzünder in den Grill legen. Den Kamin bis obenhin mit Briketts füllen. Die Grillanzünder mit einem Stabfeuerzeug oder einem langen Streichholz anzünden und den gefüllten Kamin daraufsetzen. Das Feuer frisst sich gleichmäßig von unten nach oben durch die Briketts. Sind alle Briketts schön durchgeglüht, kannst du sie mit einer Zange direkt aus dem Kamin unter und auf dem Dutch Oven platzieren. Die Griffe werden übrigens heiß: Bitte feuerfeste Handschuhe dafür verwenden.

Zum Öffnen des Dutch Ovens immer Handschuhe tragen und am besten den Deckelheber verwenden.

MEHRERE TÖPFE AUF EINMAL

Das Garen mit dem Dutch Oven eignet sich perfekt, um Mehrkomponenten-Gerichte zu kochen. Während unten das Fleisch schmort, kann man einen weiteren Dutch Oven auf den ersten stellen, hat so für den zweiten Topf direkt Unterhitze und packt dann noch Kohlen auf den Deckel des zweiten Dutch Ovens. So gart beides zusammen.

LOS GEHT'S

DOPFEN MIT DEM GASGRILL

Wenn du deinen Dutch Oven im Gasgrill heizen möchtest, ist ein kleines bisschen Umdenken nötig. Doch dann kannst du genau so gute Ergebnisse erzielen wie mit Briketts.

Anders als beim Betrieb mit Briketts wird beim Gasgrill nicht dauerhaft mit Unterhitze gearbeitet. Die Unterhitze würde gerade beim Backen oder Schmoren zu heiß sein, egal ob der Brenner komplett runtergeregelt ist oder der Topf nur ansatzweise über dem Brenner steht.

UNTERHITZE

Um starke Unterhitze zu erzeugen, werden alle verfügbaren Brenner am Gasgrill angeschaltet und die angegebene Temperatur wird eingestellt. Die kann für den Anfang gerne etwa 30–50 °C höher sein, da beim Einlegen von kaltem Gargut die Temperatur wieder etwas absinkt.

OBER-/UNTERHITZE

Soll Ober-/Unterhitze eingestellt werden, werden die Brenner unter dem Dutch Oven ausgeschaltet und die Hitzezufuhr wird indirekt erzeugt. Die Brenner rechts und links vom Dutch Oven schaltest du an und regelst so die Temperatur ein. Es kann auch nur mit einem Brenner gearbeitet werden, falls dein Grill nur 2 Brenner hat. Dann musst du den Dutch Oven aber zwischendurch drehen, weil doch immer etwas Dopf über dem einen Brenner hängt.

Bei den Rezepten haben wir für Gasgrill-Benutzer jeweils vermerkt, wie und bei welcher Temperatur aufgeheizt wird. Die Temperaturangaben sind als grobe Richtwerte zu verstehen, die ihr mithilfe eures Deckelthermometers kontrollieren könnt. Sie beziehen sich nicht auf die Temperatur im Dutch Oven.

BACKEN UND ÜBERBACKEN

Wenn etwas mit Käse überbacken wird oder einfach die Oberseite gebräunt werden soll, wird der Deckel vom Dutch Oven abgenommen. Den Deckel vom Gasgrill schließt du selbstverständlich trotzdem. So kann die vom Gasgrilldeckel reflektierte Hitze super direkt auf das Gargut strahlen und dieses bräunen.

Beim Backen nimmst du nach ⅔ der Garzeit den Dutch-Deckel ab, beim Mit-Käse-Überbacken kannst du sofort den Dutch-Deckel weglassen, mindestens aber die letzten 10 Minuten. Im Rezept ist es aber an der entsprechenden Stelle auch konkret beschrieben.

VORSICHT FÜßE

Falls du einen Dutch Oven mit Füßen hast und ein Grillrost aus Guss, kannst du eine gelöcherte Edelstahlplatte aufs Rost legen, auf die du dann den Topf stellst. Sonst könnten sich die Füße des Dutch Ovens im Rosten verhaken und dieses auseinanderdrücken und -brechen (bei unserem selbstentwickelten Dutch Oven gibt es dieses Problem aufgrund der speziellen Füße übrigens nicht [siehe S. 11]). Bei Edelstahlrosten passiert das nicht so leicht, aber auf einer Platte steht der Dutch Oven auch einfach besser.

Manche Hersteller sparen runde Ausschnitte im Rost aus, hier passt meistens ein 9- oder 12-Zoll-Topf hinein.

ERKLÄRUNG DER SYMBOLE

DIE GRÖSSE DES VERWENDETEN FEUERTOPFS IST HIER ABZULESEN.

DEINE GASGRILLEINSTELLUNGEN STEHEN HIER: STRICHE UNTER DER ZAHL BEDEUTEN DIREKTE UNTERHITZE BEI Z. B. 180 °C, STRICHE NEBEN DER ZAHL BEDEUTEN INDIREKTE HITZEZUFUHR BEI Z. B. 140 °C.

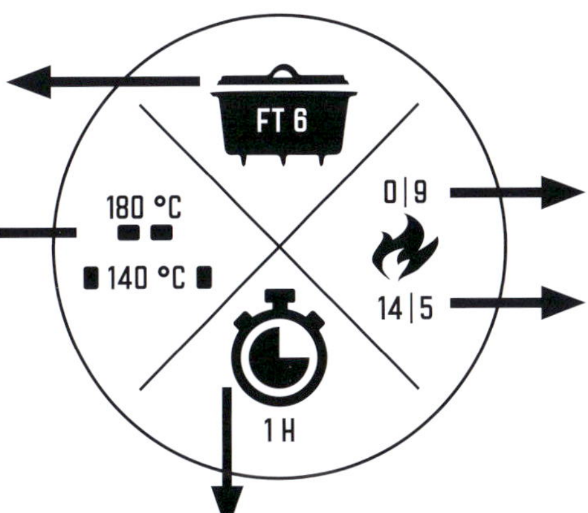

ÜBER DER FLAMME STEHT DIE ANZAHL DER BRIKETTS, DIE AUF DEN DECKEL KOMMT.

UNTER DER FLAMME DIE ANZAHL, DIE UNTER DEN TOPF KOMMT.

BEI MEHREREN ZAHLEN WIRD WÄHREND DES GARPROZESSES DIE HITZEART BZW. DIE TEMPERATUR VERÄNDERT UND BRIKETTS ENTFERNT ODER DAZUGEGEBEN.

SO VIEL ZEIT SOLLTEST DU MINDESTENS ZUM GAREN, FÜR GEHZEITEN ETC. EINKALKULIEREN.

KAP-02

PUTE & HÄHNCHEN

KNOBLAUCH-HUHN

WIEVIEL KNOBLAUCH DARF'S SEIN? JA!

FÜR 4 PERSONEN

1 Maishähnchen (ca. 1,5 kg)

Salz

4 Stangen Staudensellerie

5 El Olivenöl

50 Knoblauchzehen mit Schale, gewaschen

2 Zweige Rosmarin

2 Zweige Thymian

2 Lorbeerblätter

Pfeffer

200 ml Geflügelbrühe

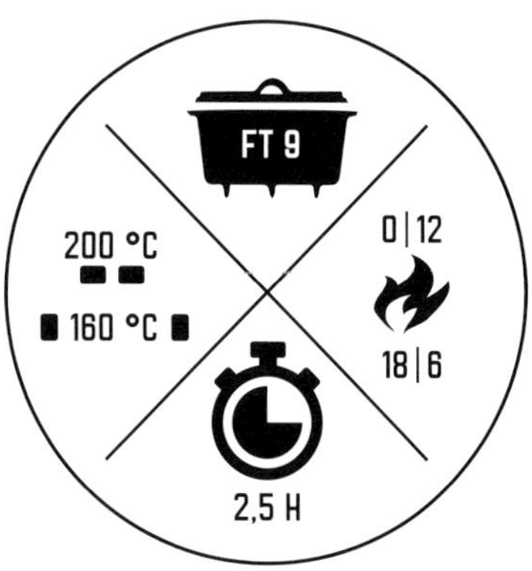

VORBEREITEN: 18 BRIKETTS DURCHGLÜHEN

1 Das Hähnchen mit einer Geflügelschere in Einzelteile (Flügel, Keulen und Brust) zerlegen. Die Fleischteile trocken tupfen und rundherum mit Salz einreiben. Staudensellerie putzen, die Stangen der Länge nach vierteln, dann in feine Stücke schneiden.

2 Den Dutch Oven mit hoher Unterhitze aufheizen (ca. 200 °C). Dafür die 18 durchgeglühten Briketts unter dem Topf platzieren. Das Olivenöl in den Dutch Oven geben und kurz erhitzen. Die Hähnchenteile darin von allen Seiten goldgelb anbraten. Herausnehmen, dann den Staudensellerie und die Knoblauchzehen zugeben und anschwitzen. Die Kräuter und 1 Tl Pfeffer zugeben. Die Hähnchenteile auf dem Gemüse platzieren und die Geflügelbrühe angießen.

3 Den Deckel auf den Topf legen und den Dutch Oven auf mittlere Ober-/Unterhitze umstellen (ca. 160 °C): 12 der Briketts auf dem Deckel platzieren, 6 Briketts unter dem Topf belassen. Alles 70–90 Minuten schmoren lassen, bis der Knoblauch weich ist und sich das Fleisch bei den Keulen leicht von den Knochen zurückzieht.

4 Den Sud mit Salz und Pfeffer nach Geschmack nachwürzen und das Huhn mit dem weichen Knoblauch servieren. Dazu schmeckt Weißbrot.

TIPP
Wer mag, gibt noch
etwas Zitronensaft
mit in den Dutch.

PUTEN-INVOLTINI

DIE FÜLLUNG KANN WAS

FÜR 4 PERSONEN

125 g Provolone oder Parmesan
50 g Mandelkerne
50 g schwarze Oliven ohne Stein
4 Schalotten
4 Putenschnitzel à ca. 200 g
2 El Butterschmalz
1 El Tomatenmark
500 g passierte Tomaten aus der Dose
200 g Sahne
1 Tl getrockneter Oregano
2 Tl Paprikapulver edelsüß
Salz
Pfeffer
2 Zweige Thymian
10 Basilikumblättchen

Außerdem
Zahnstocher

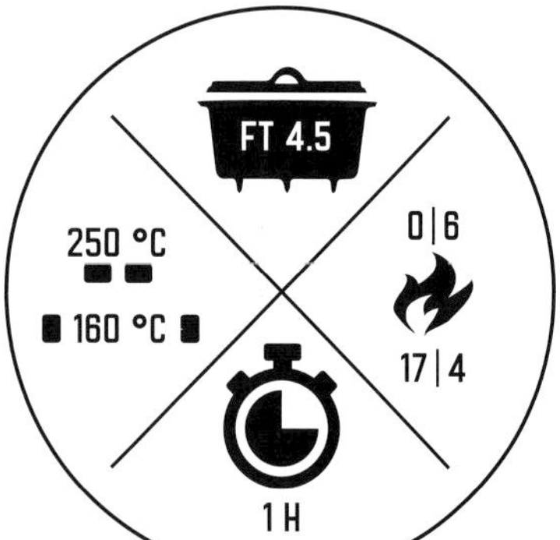

VORBEREITEN: 17 BRIKETTS DURCHGLÜHEN

1 Den Käse fein reiben. Mandeln und Oliven grob hacken, je 1 Tl beiseitestellen, den Rest mit dem Käse vermischen. Schalotten schälen und in Streifen schneiden.

2 Die Putenschnitzel trocken tupfen und flach klopfen. Die Oliven-Käse-Mischung gleichmäßig darauf verstreichen. Fest aufrollen und mit Zahnstochern fixieren.

3 Den Dutch Oven mit hoher Unterhitze aufheizen (ca. 250 °C). Dafür die 17 durchgeglühten Briketts unter dem Topf platzieren. Das Butterschmalz im Dutch Oven zerlassen und die Putenröllchen darin rundherum kräftig anbraten, dann herausnehmen.

4 Schalotten, restliche Mandeln und restliche Oliven hineingeben und kurz anbraten. Tomatenmark zugeben und anschwitzen. Mit passierten Tomaten, Sahne und ca. 150 ml Wasser ablöschen. Oregano und Paprikapulver zugeben, mit Salz und Pfeffer abschmecken und alles aufkochen lassen. Zum Schluss die Putenröllchen und die Thymianzweige zugeben.

5 Den Deckel auf den Topf legen und den Dutch Oven auf mittlere Ober-/Unterhitze umstellen (ca. 160 °C): 6 der Briketts auf dem Deckel platzieren, 4 Briketts unter dem Topf belassen, Rest beiseiteräumen. Alles ca. 15 Minuten schmoren lassen.

6 Die Thymianzweige herausfischen. Mit Salz und Pfeffer abschmecken. Das Basilikum in feine Streifen schneiden und untermischen.

TIPP

Dazu passen Ciabatta, Reis oder Nudeln.

ARROZ CON POLLO

HÄHNCHEN MIT SPANISCHER LEBENSFREUDE

FÜR 4 PERSONEN

1 kg Hähnchenbrustfilet
2 rote Zwiebeln
2 Knoblauchzehen
1 rote Paprikaschote
1 Fleischtomate
2 El Öl
150 ml Weißwein
550 ml Hühnerbrühe
1 Gewürznelke
1 Lorbeerblatt
1 Prise Safran
2 Tl Salz
1 Tl Pfeffer
250 g Langkornreis
200 g Erbsen (TK)

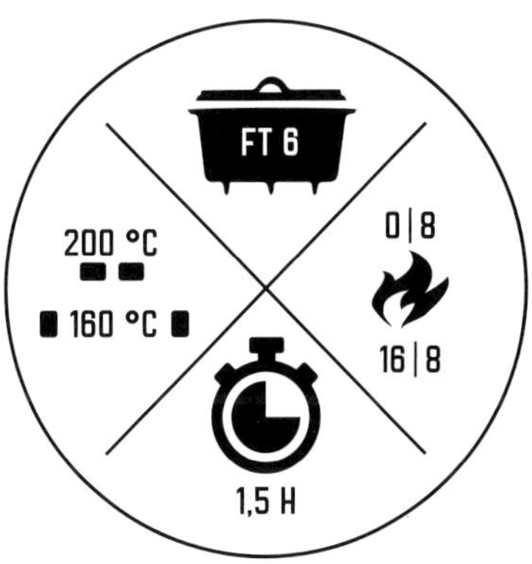

VORBEREITEN: 16 BRIKETTS DURCHGLÜHEN

1 Das Hähnchenbrustfilet trocken tupfen und in mundgerechte Stücke schneiden. Zwiebeln und Knoblauch schälen und fein hacken. Paprika putzen und in kleine Würfel schneiden. Den Stielansatz der Fleischtomate rausschneiden und die Tomate ebenfalls klein würfeln.

2 Den Dutch Oven mit hoher Unterhitze aufheizen (ca. 200 °C). Dafür die 16 durchgeglühten Briketts unter dem Topf platzieren. Das Öl im Dutch Oven erhitzen und das Fleisch darin von allen Seiten anbraten. Knoblauch und Paprika zugeben und kurz mitbraten. Anschließend Zwiebeln und Tomatenwürfel zugeben, kurz braten, dann mit Wein und Brühe ablöschen. Gewürznelke, Lorbeerblatt und die Gewürze zugeben und unterrühren.

3 Den Deckel auf den Topf legen und den Dutch Oven auf mittlere Ober-/Unterhitze umstellen (ca. 160 °C): 8 der Briketts auf dem Deckel platzieren, 8 Briketts unter dem Topf belassen. Alles ca. 15 Minuten köcheln lassen.

4 Die Nelke und das Lorbeerblatt entfernen. Den Reis zugeben und bissfest garen. Sollte die Menge an Flüssigkeit nicht ausreichen, noch etwas Brühe bzw. Wasser zugießen. Etwa 5 Minuten vor Garzeitende die Erbsen zugeben und untermischen.

WESTERN CHICKEN POT

BUD SPENCER HÄTT'S GEFALLEN

FÜR 4 PERSONEN

2 Zwiebeln
2 Knoblauchzehen
500 g Möhren
1 Dose weiße Bohnen (ca. 850 g)
1,5 kg Hähnchen-Unterkeulen
Salz
Pfeffer
2 El Öl
100 g Baconstreifen
500 ml Gemüsebrühe
500 g stückige Tomaten aus der Dose
2 Tl Paprikapulver edelsüß
1 Tl Paprikapulver geräuchert
1 El Zucker
2 El Apfelessig
1 Dose Baked Beans (ca. 400 g)
1 Bund gehackte Petersilie

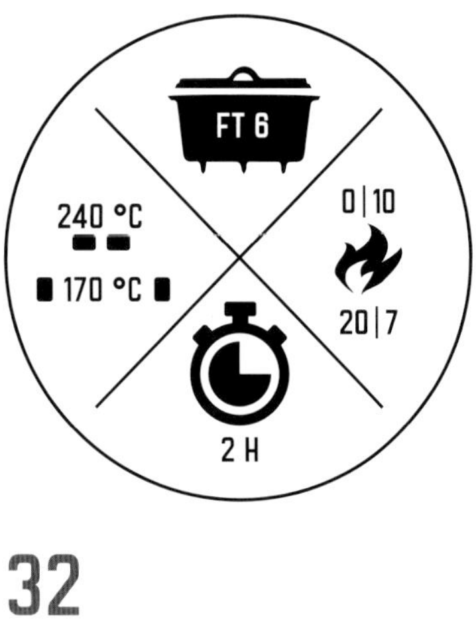

VORBEREITEN: 20 BRIKETTS DURCHGLÜHEN

1 Zwiebeln und Knoblauch schälen und hacken. Möhren schälen, putzen und in Scheiben schneiden. Weiße Bohnen in ein Sieb abgießen, dabei einen Teil der Flüssigkeit auffangen. Hähnchenkeulen trocken tupfen und mit Salz und Pfeffer würzen.

2 Den Dutch Oven mit hoher Unterhitze aufheizen (ca. 240 °C). Dafür die 20 durchgeglühten Briketts unter dem Topf platzieren. Das Öl im Dutch Oven erhitzen und die Hähnchenteile darin von allen Seiten goldbraun anbraten, dann herausnehmen. Bacon hineingeben und knusprig auslassen, dann herausnehmen. Zwiebeln, Knoblauch und Möhren reingeben und kurz andünsten. Mit Brühe und Tomaten ablöschen, aufkochen und mit Salz, Pfeffer, Paprikapulver, Zucker und Essig kräftig abschmecken. Zum Schluss weiße Bohnen samt Flüssigkeit, Baked Beans, Hähnchenkeulen und Bacon zugeben.

3 Den Deckel auf den Topf legen und den Dutch Oven auf mittlere Ober-/Unterhitze umstellen (ca. 170 °C): 10 der Briketts auf dem Deckel platzieren, 7 Briketts unter dem Topf belassen, Rest beiseiteräumen. Alles ca. 1 Stunde schmoren lassen. Den Chicken Pot mit Petersilie bestreut servieren.

TIPP

Im Western gäb's hundertpro grob abgerissenes Weißbrot dazu.

GUMBO

SÜDSTAATENKÜCHE VON „ÜBERM GROßEN TEICH"

FÜR 4 PERSONEN

1 kg Hähnchenbrustfilet
300 g Bauchspeck
250 g Chorizo
4 Zwiebeln
4 Knoblauchzehen
10 Okraschoten (Asialaden)
3 Stangen Staudensellerie
3 Paprikaschoten (rot, gelb, grün)
4 Süßkartoffeln
150 ml Öl
150 g Mehl
1 l Hühnerbrühe
2 El Worcestersauce
7 Zweige Thymian
3 Lorbeerblätter
Salz, Pfeffer
300 g küchenfertige Garnelen

Außerdem

2 unbehandelte Limetten
1 Bund gehackte Petersilie

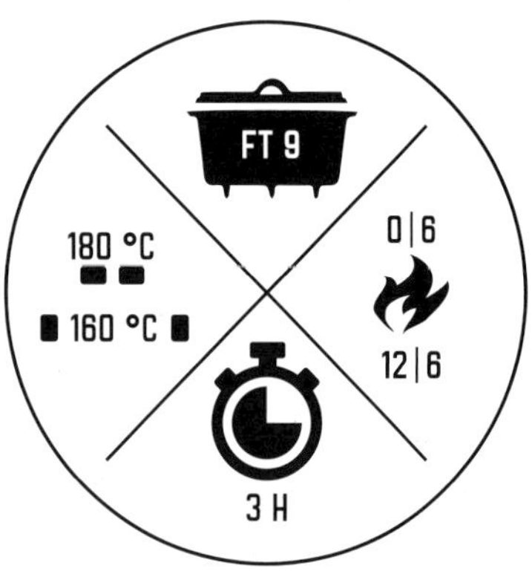

VORBEREITEN: 12 BRIKETTS DURCHGLÜHEN

1 Das Hähnchenbrustfilet trocken tupfen und in mundgerechte Stücke schneiden. Speck in kleine Würfel schneiden. Chorizo in Scheiben schneiden.

2 Zwiebeln und Knoblauchzehen schälen und fein hacken. Okraschoten und Staudensellerie putzen und in Ringe schneiden. Paprikaschoten putzen und in Streifen schneiden. Süßkartoffeln schälen und in grobe Stücke schneiden.

3 Den Dutch Oven mit mittlerer Unterhitze aufheizen (ca. 180 °C). Dafür die 12 durchgeglühten Briketts unter dem Topf platzieren. Das Öl in den Dutch Oven geben und leicht erhitzen. Das Mehl unter ständigem Rühren hineingeben und mehrere Minuten karamellfarbig anschwitzen. Dann Fleisch, Speck, Chorizo, Gemüse und alle restlichen Gumbo-Zutaten – bis auf die Garnelen – zugeben. Alles ordentlich verrühren und mit Salz und Pfeffer abschmecken.

4 Den Deckel auf den Topf legen und den Dutch Oven auf mittlere Ober-/Unterhitze umstellen (ca. 160 °C): 6 der Briketts auf dem Deckel platzieren, 6 Briketts unter dem Topf belassen. Das Gumbo ca. 2 Stunden köcheln lassen. Dabei ca. 30 Minuten vor Ende der Garzeit die Garnelen zugeben. Das Gumbo mit Limettenvierteln und Petersilie bestreut servieren.

TIPP

Klassischerweise gibt's Reis dazu. Wer keine Garnelen mag, lässt sie einfach weg!

CHILI BLANCO

WER SAGT DENN, CHILI MUSS ROT SEIN?

FÜR 6 PERSONEN

500 g ausgelöste Hähnchenoberkeulen (Pollo Fino)
1 (grüne) Zwiebel
3 Knoblauchzehen
1 gelbe Paprikaschote
2 Jalapeños
3 El Olivenöl
1 Tl Kreuzkümmel
2 Tl Salz
1 Tl Pfeffer
1 Tl getrockneter Oregano
½ Tl getrockneter Thymian
½ Tl getrockneter Majoran
500 ml Geflügelbrühe
800 g weiße Bohnen aus der Dose (Abtropfgewicht)
150 g Mais aus der Dose
200 g Frischkäse
1 Bund Frühlingszwiebeln
100 g Manchego (oder Parmesan)
200 g Sahne

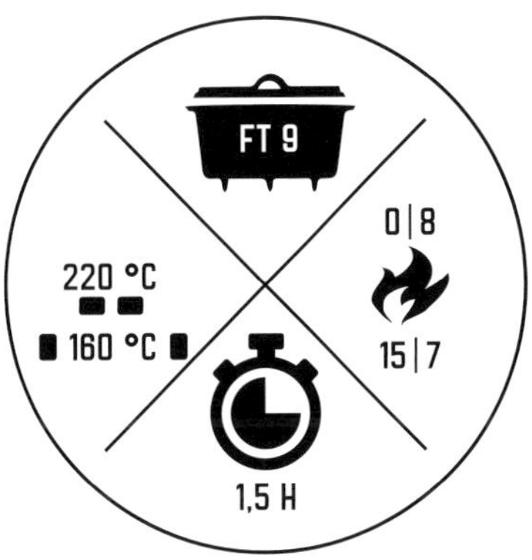

VORBEREITEN: 15 BRIKETTS DURCHGLÜHEN

1 Das Fleisch trocken tupfen und schnetzeln. Zwiebel und Knoblauchzehen schälen und hacken. Paprika putzen und würfeln. Jalapeños putzen, nach Belieben entkernen und in feine Streifen schneiden.

2 Den Dutch Oven mit hoher Unterhitze aufheizen (ca. 220 °C). Dafür die 15 durchgeglühten Briketts unter dem Topf platzieren. Das Olivenöl zusammen mit dem Fleisch in den Topf geben und das Fleisch von allen Seiten anbraten. Die Gewürze und die Kräuter zugeben und mit dem Fleisch vermischen. Zwiebel, Knoblauch, Paprika und Jalapeños zugeben und leicht anschwitzen. Mit Brühe ablöschen. Dann Bohnen, Mais und Frischkäse zugeben.

3 Den Deckel auf den Topf legen und den Dutch Oven auf mittlere Ober-/Unterhitze umstellen (ca. 160 °C): 8 der Briketts auf dem Deckel platzieren, 7 Briketts unter dem Topf belassen. Alles ca. 30 Minuten köcheln lassen.

4 Inzwischen die Frühlingszwiebeln putzen und fein hacken. Den Käse reiben. Beides zusammen mit der Sahne nach 30 Minuten mit in den Dutch geben und weitere 10 Minuten köcheln lassen.

SCHMORHUHN MEDITERRAN

GIB DER KAPER EINE CHANCE

FÜR 4 PERSONEN

3 Zweige Rosmarin

4 Zweige Thymian

4 Zweige Oregano

5 Knoblauchzehen

4 Hähnchenschenkel mit Rückenteil

2 Zwiebeln

2 El Olivenöl

2 El Tomatenmark

500 ml Fleischbrühe

1 Dose stückige Tomaten (400 g)

20 Kapernäpfel mit Stiel

½ Bund Basilikum

2 Tl Salz

1 Tl Pfeffer

ca. 1 El brauner Zucker

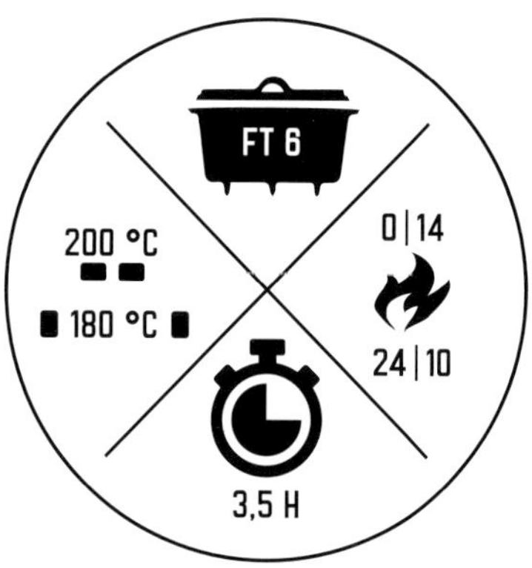

VORBEREITEN:
FLEISCH 2 STUNDEN MARINIEREN LASSEN; 24 BRIKETTS DURCHGLÜHEN

1 Die Kräuterzweige waschen und trocken schütteln. Von je 3 Zweigen die Blättchen bzw. Nadeln abzupfen und fein hacken. 3 Knoblauchzehen schälen und in eine Schale pressen. Mit den gehackten Kräutern vermischen. Die Hähnchenschenkel trocken tupfen, die Haut leicht vom Fleisch abheben und die Kräuter-Knoblauch-Mischung unter der Haut verteilen. Abgedeckt ca. 2 Stunden im Kühlschrank durchziehen lassen.

2 Zwiebeln schälen, halbieren und in Halbringe schneiden. Den restlichen Knoblauch schälen und fein hacken.

3 Den Dutch Oven mit hoher Unterhitze aufheizen (ca. 200 °C). Dafür die 24 durchgeglühten Briketts unter dem Topf platzieren. Das Öl im Dutch erhitzen und die Hähnchenschenkel darin von beiden Seiten ca. 3 Minuten goldbraun braten. Herausnehmen.

4 Nun Zwiebeln und Knoblauch ins Bratfett geben und leicht bräunen. Das Tomatenmark zugeben und anschwitzen. Mit Brühe und Tomaten ablöschen, dann die Hähnchenschenkel und die restlichen Kräuterzweige zugeben.

5 Den Deckel auf den Topf legen und den Dutch Oven auf mittlere Ober-/Unterhitze umstellen (ca. 180 °C): 14 der Briketts auf dem Deckel platzieren, 10 Briketts unter dem Topf belassen. Alles ca. 50 Minuten köcheln lassen.

6 In der Zwischenzeit die Kapern halbieren und diese die letzten 10 Minuten mitköcheln lassen. Das Basilikum waschen, trocken schütteln und die Blätter fein hacken. Kurz vor dem Servieren unterrühren. Alles mit Salz, Pfeffer und braunem Zucker abschmecken.

TIPP
Lecker dazu:
Pasta oder
geröstetes Weißbrot!

PUTENGESCHNETZELTES

MIT MÖHRCHEN UND ZUCCHINI

FÜR 4 PERSONEN

500 g Putenbrustfilet

3 große Möhren

1 Zucchini

3 Frühlingszwiebeln

2 Knoblauchzehen

2 El Öl

50 ml lieblicher Weißwein

400 g Sahne

100 ml Geflügelbrühe

150 g Schmelzkäse mit Kräutern

2 Tl Salz

1 Tl Pfeffer

5 Tl getrockneter Estragon

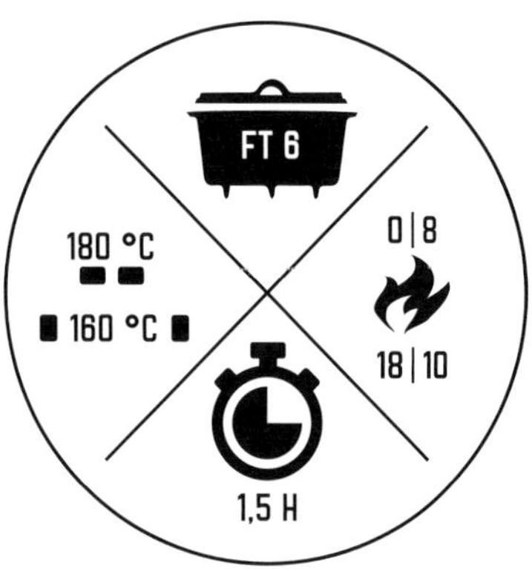

VORBEREITEN: 18 BRIKETTS DURCHGLÜHEN

1 Das Fleisch trocken tupfen und in feine Streifen schnetzeln. Möhren putzen, schälen und in Stifte schneiden. Zucchini putzen, halbieren und in Scheiben schneiden. Frühlingszwiebeln putzen, halbieren und in feine Streifen schneiden. Knoblauchzehen schälen und fein hacken.

2 Den Dutch Oven mit mittlerer Unterhitze aufheizen (ca. 180 °C). Dafür die 18 durchgeglühten Briketts unter dem Topf platzieren. Das Öl im Dutch Oven erhitzen und das Fleisch darin unter Rühren in 2 Portionen rundherum anbraten. Dann in eine Schüssel umfüllen und das Gemüse und den Knoblauch im Dutch Oven anbraten. Das Fleisch wieder zufügen. Weißwein, Sahne und Geflügelbrühe zugeben. Den Schmelzkäse unterrühren und alles mit Salz, Pfeffer und Estragon abschmecken.

3 Den Deckel auf den Topf legen und den Dutch Oven auf mittlere Ober-/Unterhitze umstellen (ca. 160 °C): 8 der Briketts auf dem Deckel platzieren, 10 Briketts unter dem Topf belassen. Das Geschnetzelte ca. 45 Minuten unter gelegentlichem Rühren garen.

KAP-03

RIND-FLEISCH

BOEUF BOURGUIGNON

FRANKREICH FÜR ZU HAUSE

FÜR 4 PERSONEN

1,5 kg Rinderschulter/Rinderschmorbraten

150 g geräucherter Bauchspeck

4 Zwiebeln

1 El Butterschmalz

2 El Mehl

500 ml Rotwein (idealerweise Burgunder)

300 ml Rinderbrühe

Salz

1 Lorbeerblatt

1 gehäufter El Tomatenmark

2 Tl Kräuter der Provence (TK)

60 ml Weinbrand/Cognac

4 Knoblauchzehen

4 Möhren

200 g braune Champignons

Pfeffer

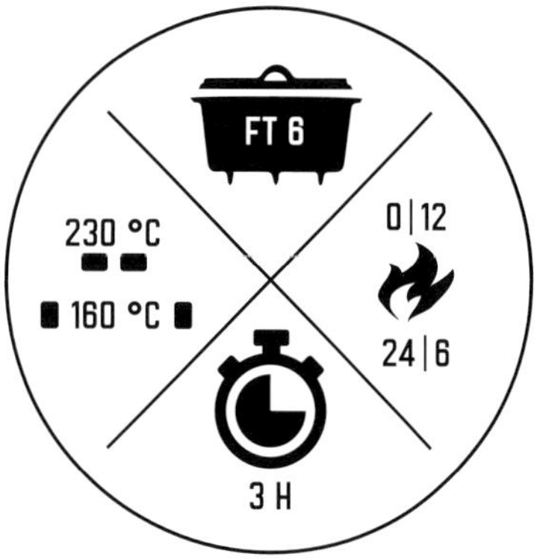

VORBEREITEN: 24 BRIKETTS DURCHGLÜHEN

1 Das Rindfleisch trocken tupfen und in größere Würfel schneiden. Den Speck in kleine Würfel schneiden. Die Zwiebeln schälen und hacken.

2 Den Dutch Oven mit hoher Unterhitze aufheizen (ca. 230 °C). Dafür die 24 durchgeglühten Briketts unter dem Topf platzieren. Butterschmalz im Topf zerlassen und das Fleisch darin scharf anbraten. Speck und Zwiebelwürfel zugeben und einige Minuten unter ständigem Rühren gut anschmoren lassen. Mit Mehl bestäuben, gut verrühren, dann mit dem Rotwein und der Brühe ablöschen.

3 1 Tl Salz, Lorbeerblatt, Tomatenmark, Kräuter der Provence, Weinbrand und die in der Schale angedrückten Knoblauchzehen dazugeben. Den Deckel auf den Topf legen und den Dutch Oven auf mittlere Ober-/Unterhitze umstellen (ca. 160 °C): 12 der Briketts auf dem Deckel platzieren, 6 Briketts unter dem Topf belassen, Rest beiseiteräumen. Alles ca. 90 Minuten schmoren lassen.

4 Inzwischen die Möhren putzen, schälen und in Scheiben schneiden. Champignons putzen und ebenfalls in Scheiben schneiden. Dann beides mit in den Topf geben. Nach Bedarf etwas Wasser und Wein nachgießen. Nun das Ganze noch gute 30 Minuten weiterschmoren lassen, bis das Fleisch so weich ist, dass es sich leicht mit einer Gabel zerteilen lässt. Zum Schluss mit Salz und Pfeffer abschmecken.

BEEF-TACOS

VIVA LA MEXICO!

FÜR 4 PERSONEN

Für das Beef Barbacoa

1,5 kg Rindernacken/Hohe Rippe

2 Gemüsezwiebeln

5 Knoblauchzehen

1 Chilischote

2 El Öl

2 Markknochen

2 Tl Kreuzkümmel

½ Tl gemahlene Nelke

2 Tl getrockneter Oregano

100 g Chipotle in Adobo-Sauce aus der Dose

50 ml Apfelessig

Salz

Pfeffer

2 Lorbeerblätter

800 ml Rinderbrühe

Für die Avocado-Creme

1 Avocado

1 El Saure Sahne

2 geschälte Knoblauchzehen

Saft von ½ Limette

½ fein gehackte rote Zwiebel

Salz

Pfeffer

Außerdem

6 Tacos (Shells oder Soft)

½ fein gehackte rote Zwiebel

½ Bund grob gehackter Koriander

VORBEREITEN: 22 BRIKETTS DURCHGLÜHEN

1 Das Fleisch trocken tupfen und in grobe Würfel schneiden. Zwiebeln schälen und grob hacken. Knoblauchzehen schälen. Chili putzen und entkernen.

2 Den Dutch Oven mit hoher Unterhitze aufheizen (ca. 250 °C). Dafür die 22 durchgeglühten Briketts unter dem Topf platzieren. Das Öl im Dutch Oven erhitzen und das Fleisch darin portionsweise von allen Seiten kräftig braun anbraten, jeweils herausnehmen. Markknochen zugeben und braun anbraten. Herausnehmen.

3 Die Zwiebeln in den Dutch geben und schön dunkel schmoren. Knoblauch, Chili und Gewürze zugeben und 1 Minute mitgaren. 200 ml Wasser zufügen und alles gut umrühren. Nun den gesamten Inhalt in ein Mixgefäß umfüllen. Chipotle und Essig zugeben und alles mit einem Stabmixer pürieren. Mit Salz und Pfeffer abschmecken. Beiseitestellen.

4 Nun Fleisch, Markknochen und Lorbeerblätter in den Dutch geben, die Brühe zugießen. Den Deckel auf den Topf legen und den Dutch Oven auf niedrige Ober-/Unterhitze umstellen (ca. 140 °C): 8 der Briketts auf dem Deckel platzieren, 4 Briketts unter dem Topf belassen, Rest beiseiteräumen. Das Fleisch ca. 5 Stunden schmoren lassen. Währenddessen ab und zu nachschauen, ob noch genügend Flüssigkeit vorhanden ist, ggf. Wasser nachfüllen – die Flüssigkeit sollte sich während des Garvorgangs nicht stark reduzieren. Außerdem ggf. weitere durchgeglühte Briketts nachlegen, falls es nicht mehr köcheln sollte.

5 In der Zwischenzeit für die Avocado-Creme die Avocado schälen, den Kern entfernen und das Fruchtfleisch in einer Schüssel mit einer Gabel zerdrücken. Saure Sahne, durchgepresste Knoblauchzehen, Limettensaft und rote Zwiebeln zugeben und alles zu einer Creme verrühren. Mit Salz und Pfeffer abschmecken.

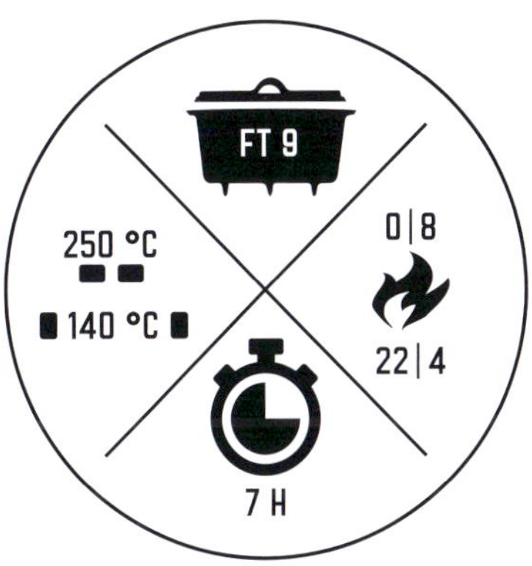

6 Nach 5 Stunden Garzeit etwa die Hälfte der Chipotlemischung zum Fleisch in den Dutch geben und alles 1 weitere Stunde garen. Je nach gewünschter Schärfe nach der Garzeit mit der restlichen Chipotlemischung abschmecken.

7 Das Fleisch im Dutch Oven zerrupfen. Die Tacos mit Avocado-Creme bestreichen, zerrupftes Fleisch, Zwiebelwürfel und Koriander darauf verteilen.

TIPP
Das Tri Tip ähnelt dem
Tafelspitz, ist aber schön
marmoriert und voll saftig.

PORTWEIN-GULASCH

MÖGEN NICHT NUR CRISTIANOS LANDSLEUTE

FÜR 4 PERSONEN

1 kg Bürgermeisterstück (Tri Tip)
3 Möhren
½ Knollensellerie
4 rote Zwiebeln
2 El Butterschmalz
ca. 1 l Portwein
2 El Tomatenmark
700 ml Rinderbrühe
2 Tl gerebelter Thymian
1 Tl Salz
1 Tl Pfeffer

Zum Servieren nach Belieben
Preiselbeeren
Saure Sahne
Balsamico-Creme

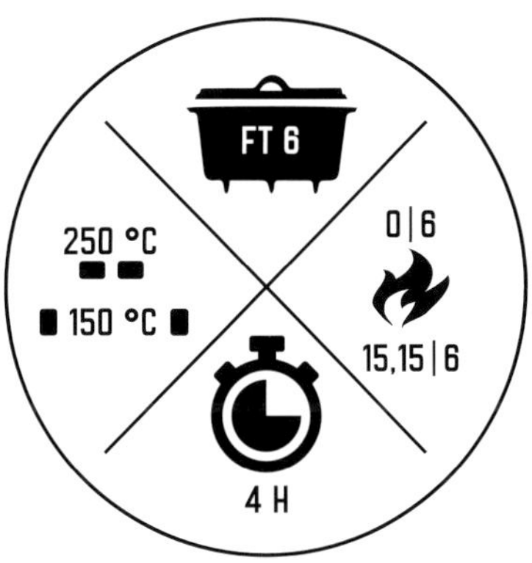

VORBEREITEN: 30 BRIKETTS DURCHGLÜHEN

1 Das Fleisch trocken tupfen und in ca. 3 x 3 cm große Würfel schneiden. Möhren und Sellerie putzen, schälen und in Würfel schneiden. Zwiebeln schälen und fein würfeln.

2 Den Deckel des Dutch Ovens und den Dutch Oven selbst jeweils mit hoher Unterhitze aufheizen (ca. 250 °C). Dafür jeweils 15 der durchgeglühten Briketts unter Deckel und Topf platzieren. 1 El Butterschmalz in den Deckel geben und schmelzen lassen. Das Fleisch darin dunkelbraun anbraten. Dann herausnehmen und in eine Schüssel geben. Etwa 100 ml Portwein in den Deckel geben und damit unter Rühren den Bodensatz loskochen. Die Flüssigkeit zum Fleisch geben. Den Deckel von den Kohlen nehmen und beiseitestellen.

3 Nun 1 El Butterschmalz in den Topf geben und schmelzen lassen. Möhren und Sellerie darin dunkel anrösten. Tomatenmark zugeben und unter Rühren leicht anrösten. 300 ml Portwein zugießen und damit den Bodensatz unter Rühren loskochen. Den Portwein dann einreduzieren lassen, bis das Gemüse wieder zu braten beginnt. Diesen Vorgang 2-mal wiederholen. Dann Zwiebeln, Brühe, Thymian, Salz, Pfeffer und das Fleisch samt Flüssigkeit zugeben.

4 Den Deckel auswischen und auf den Topf legen. Den Dutch Oven auf niedrige Ober-/Unterhitze umstellen (ca. 150 °C): 6 Briketts auf dem Deckel platzieren, 6 Briketts unter dem Topf belassen, Rest beiseiteräumen. Alles ca. 2,5 Stunden schmoren lassen, dabei zwischendurch regelmäßig den Flüssigkeitsstand kontrollieren – es darf einkochen, es sollte aber immer noch Flüssigkeit vorhanden sein; ggf. Wasser oder Brühe nachgießen.

5 Das Portwein-Gulasch nach Belieben mit Preiselbeeren und saurer Sahne servieren und mit Balsamico-Creme verfeinern.

PULLED-BEEF-SANDWICH

UNSER OMMA SACHT: FLEISCH OHNE KAUEN

FÜR 4 PERSONEN

Für das Pulled Beef

2 kg küchenfertige Ochsenbäckchen
Salz
Pfeffer
5 rote Zwiebeln
3 Paprikaschoten (rot, gelb, grün)
1,2 kg stückige Tomaten aus der Dose
300 ml Rotwein
100 ml Apfelsaft
100 ml BBQ-Sauce
2 El Sojasauce
2 El Apfelessig
1 Tl getrockneter Oregano
2 Tl Paprikapulver edelsüß
2 Tl getrockneter Thymian

Für die Sandwiches

4 Baguettebrötchen
16 Salatblätter
4 Tl Mayonnaise

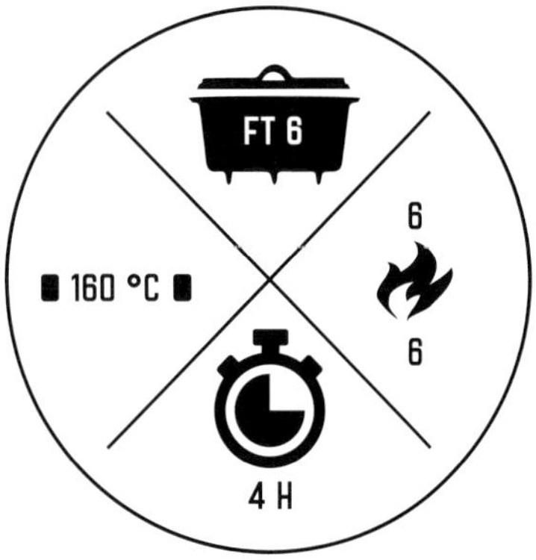

VORBEREITEN: 12 BRIKETTS DURCHGLÜHEN

1 Die Ochsenbäckchen trocken tupfen und mit Salz und Pfeffer würzen. Zwiebeln schälen und in Ringe schneiden. Paprikaschoten putzen und in Streifen schneiden.

2 Zwiebeln und Paprikastreifen im Dutch Oven verteilen. Die Ochsenbäckchen darauf legen. Alle übrigen Zutaten sowie je 2 Tl Salz und Pfeffer in einer Schüssel miteinander vermischen und über die Ochsenbäckchen gießen.

3 Den Deckel auf den Topf legen und den Dutch Oven mit mittlerer Ober-/Unterhitze vorbereiten (ca. 160 °C): 6 der durchgeglühten Briketts auf dem Deckel platzieren, 6 Briketts unter dem Topf. Alles 3 Stunden köcheln lassen.

4 Die Ochsenbäckchen im Dutch Oven mit einer Gabel auseinanderzupfen. Alles gut vermischen. Die Baguettebrötchen aufschneiden, jeweils etwas Salat auf die unteren Brötchenhälften legen, mit Mayonnaise beträufeln und das Pulled Beef darauf verteilen. Mit Salat abschließen. Zum Schluss die oberen Baguettehälften auflegen.

TIPP

Auch lecker: Die Ochsenbäckchen vorab 1 Stunde mit Buchenholz auf dem Grill räuchern!

MALZBIER-PICANHA

MIT DEM SEBASTIAN SEIN LIEBSTES STÜCK RIND

FÜR 4 PERSONEN

1 Picanha, alternativ Tafelspitz (1–1,5 kg)
2 Tl Senf
Salz
Pfeffer
2 rote Zwiebeln
2 Knoblauchzehen
3 Möhren
½ Knollensellerie
½ Stange Lauch
2 El Butterschmalz
3 El Tomatenmark
1 Flasche Malzbier
250 ml Rinderbrühe
1 Tl dunkler Balsamico
1 Tl Sojasauce
2 Tl getrockneter Thymian
2 Tl getrockneter Majoran
2 Tl Paprikapulver edelsüß
2 Lorbeerblätter
150 g Sahne

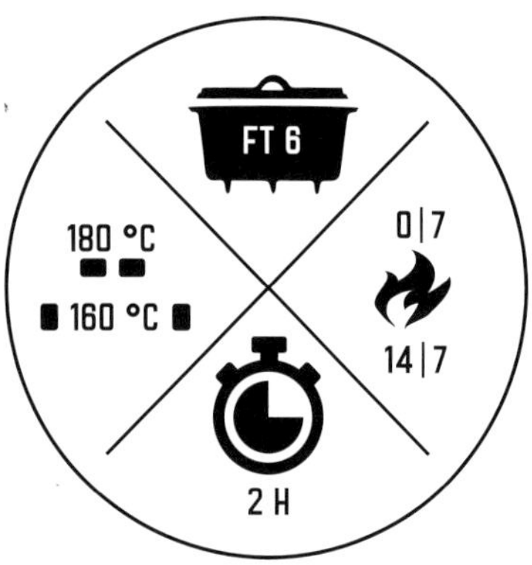

VORBEREITEN: 14 BRIKETTS DURCHGLÜHEN

1 Das Fleisch trocken tupfen und den Fettdeckel rautenförmig einschneiden. Das Fleisch (den Fettdeckel nicht) mit Senf einreiben und mit Salz und Pfeffer würzen. Zwiebeln und Knoblauchzehen schälen und hacken. Möhren und Sellerie putzen, schälen und würfeln. Lauch putzen und in feine Ringe schneiden.

2 Den Dutch Oven mit mittlerer Unterhitze aufheizen (ca. 180 °C). Dafür die 14 durchgeglühten Briketts unter dem Topf platzieren. Das Butterschmalz in den Dutch Oven geben und das Fleisch darin von allen Seiten ordentlich anbraten. Dann herausnehmen.

3 Zwiebeln, Knoblauch und das Gemüse in den Dutch Oven geben und zusammen mit dem Tomatenmark anrösten. Mit Malzbier und Brühe ablöschen. Dann Balsamico, Sojasauce, Thymian, Majoran, Paprikapulver und Lorbeerblätter zugeben. Mit ca. 3 Tl Salz und 1 Tl Pfeffer abschmecken. Das Fleisch mit der Fettseite nach oben hineinlegen und mit einem Bratenthermometer versehen.

4 Den Deckel auf den Topf legen und den Dutch Oven auf mittlere Ober-/Unterhitze umstellen (ca. 160 °C): 7 der Briketts auf dem Deckel platzieren, 7 Briketts unter dem Topf belassen. So lange garen, bis das Fleisch eine Kerntemperatur von 57 °C hat.

5 Das fertige Fleisch aus dem Dutch Oven nehmen. Die Lorbeerblätter entfernen. Die Sahne zugeben und die Sauce mit einem Stabmixer durchpürieren. Das Fleisch mit der Sauce servieren.

TIPP

Lecker dazu: Kartoffeln, Nudeln oder Knödel!

SAUERKRAUT-GULASCH

MIT KARTOFFELGRATIN-DECKEL ... MMMHHH!

FÜR 4 PERSONEN

1 kg Gulasch (Rind oder halb Rind, halb Schwein)

2 Zwiebeln

2 El Butterschmalz

Salz

Pfeffer

2 El Tomatenmark

2–3 El Mehl

2 Tl Paprikapulver edelsüß

1 l Fleischbrühe

850 ml Sauerkraut

1 kg Kartoffeln

300 g Sahne

1 Prise gemahlene Muskatnuss

1–2 El Butter

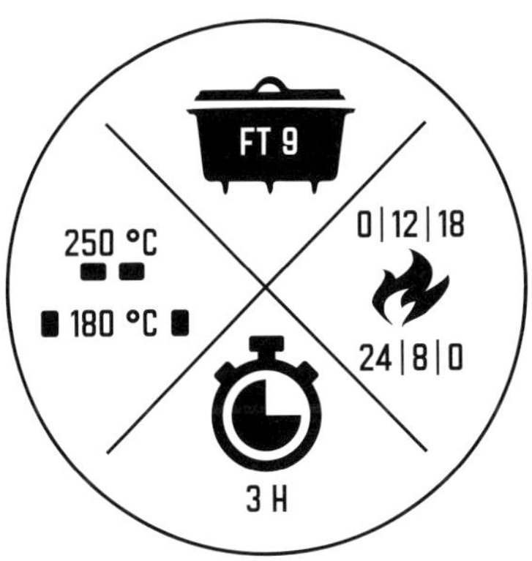

VORBEREITEN: 24 BRIKETTS DURCHGLÜHEN

1 Gulasch trocken tupfen und halbieren. Zwiebeln schälen und in grobe Stücke schneiden. Den Dutch Oven mit hoher Unterhitze aufheizen (ca. 250 °C). Dafür die 24 durchgeglühten Briketts unter dem Topf platzieren. Das Butterschmalz im Dutch Oven zerlassen und das Gulasch darin portionsweise rundherum braun anbraten. Jeweils mit Salz und Pfeffer würzen. Bei der letzten Portion die Zwiebeln mit in den Dutch geben und mitbraten.

2 Nun das restliche Fleisch wieder zugeben. Tomatenmark einrühren und kurz anschwitzen. Mehl und Paprikapulver darüberstäuben und unter Rühren kurz anschwitzen. Mit ca. 1 l Brühe ablöschen und aufkochen lassen.

3 Den Deckel auf den Topf legen und den Dutch Oven auf mittlere Ober-/Unterhitze umstellen (ca. 180 °C): 12 der Briketts auf dem Deckel platzieren, 8 Briketts unter dem Topf belassen, Rest beiseiteräumen. Das Fleisch 40 Minuten schmoren lassen.

4 Inzwischen das Sauerkraut gut abtropfen lassen, dabei den Saft auffangen. Kartoffeln schälen und in dünne Scheiben hobeln. Nach 40 Minuten das Sauerkraut unters Gulasch mischen. Die Kartoffelscheiben überlappend in 2–3 Schichten auf das Gulasch legen. Dabei jede Schicht mit Sahne begießen und mit Salz, Pfeffer und Muskat würzen.

5 Alles bei gleicher Temperatur ca. 30 Minuten weiterschmoren, ggf. je nach Zustand der Kohlen noch weitere 12 Briketts durchglühen. Nach den 30 Minuten prüfen, ob noch ausreichend Flüssigkeit drin ist, ggf. ein wenig des aufgefangenen Sauerkrautsafts zugießen.

6 Den Deckel abnehmen. Die Butter in Stückchen auf den Kartoffeln verteilen. Alle Briketts bis auf 2 auf dem Deckel verteilen. 40–50 Minuten weitergaren, bis die Kartoffeln goldbraun sind.

TIPP
Der typische Sauerländer
gibt noch ein paar Tropfen
„Würze“ aus diesen braunen
Flaschen dazu,
du weißt schon …

PICHELSTEINER EINTOPF

KANZLER ERHARDS LEIBGERICHT

FÜR 4 PERSONEN

250 g Rindfleisch aus der Keule
250 g Schweineschulter
2 mittelgroße Zwiebeln
3 El Butterschmalz
1 l Fleischbrühe
500 g Möhren
500 g Kartoffeln
250 g Weißkohl
250 g Lauch
130 g Knollensellerie
Salz
Pfeffer
½ Tl getrockneter Majoran
½ Bund gehackte Petersilie

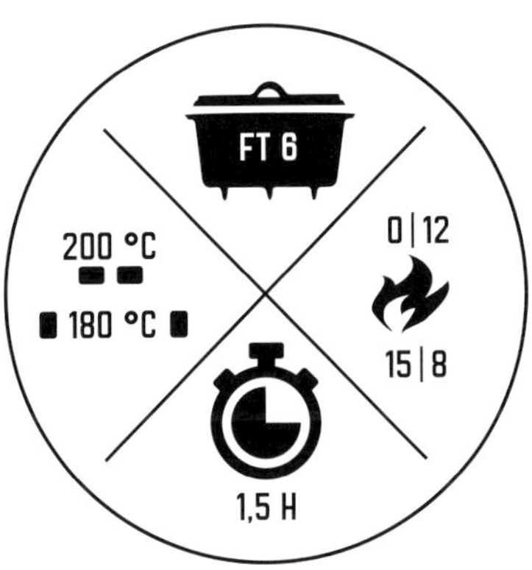

VORBEREITEN: 20 BRIKETTS DURCHGLÜHEN

1 Das Fleisch trocken tupfen und in mundgerechte Stücke schneiden. Zwiebeln schälen und hacken.

2 Den Dutch Oven mit hoher Unterhitze aufheizen (ca. 200 °C). Dafür 15 der durchgeglühten Briketts unter dem Topf platzieren. Das Butterschmalz im Topf zerlassen und die Zwiebeln darin glasig dünsten. Fleisch zugeben und kurz anbraten. Die Brühe zugeben.

3 Den Deckel auf den Topf legen und den Dutch Oven auf mittlere Ober-/Unterhitze umstellen (ca. 180 °C): 12 Briketts auf dem Deckel platzieren, 8 Briketts unter dem Topf belassen. Alles ca. 40 Minuten köcheln lassen.

4 Inzwischen die Möhren putzen, schälen und in Scheiben schneiden. Kartoffeln schälen und würfeln. Weißkohl putzen und klein schneiden. Lauch putzen und in Ringe schneiden. Sellerie putzen, schälen und würfeln. Alles nach 40 Minuten Garzeit mit in den Dutch geben und weitere 20 Minuten köcheln lassen.

5 Den Eintopf mit Salz, Pfeffer und Majoran abschmecken. Mit Petersilie bestreuen und servieren.

ELSÄSSER BAECKEOFFE

DIE FRANZOSEN KÖNNEN'S EINFACH

FÜR 4 PERSONEN

500 g Rindernacken
500 g Schweineschulter
500 g Lammschulter
250 g Möhren
250 g Lauch
250 g Zwiebeln
2 Knoblauchzehen
2 Tl Pfefferkörner
2 Tl Pimentkörner
1 Nelke
2 Lorbeerblätter
1 Zweig Oregano
2 Zweige Thymian
700 ml Weißwein
1 kg Kartoffeln
2 El Butter
Salz
schwarzer Pfeffer

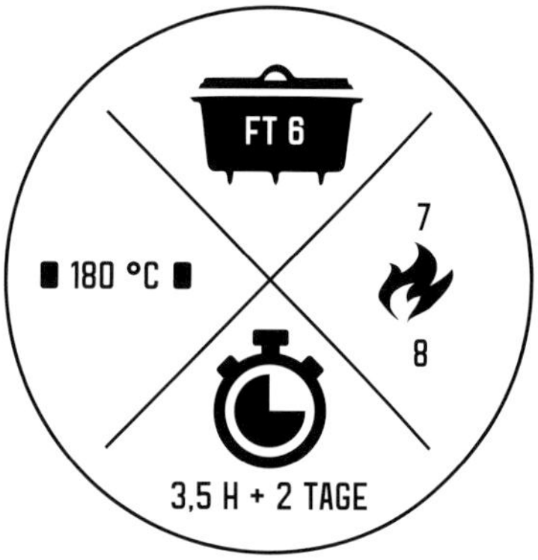

VORBEREITEN: FLEISCH UND GEMÜSE 48 STUNDEN MARINIEREN; 15 BRIKETTS DURCHGLÜHEN

1 Das Fleisch trocken tupfen und in ca. 3 cm große Würfel schneiden. Möhren putzen, schälen und in Scheiben schneiden. Lauch putzen und in Ringe schneiden. 1 Zwiebel und die Knoblauchzehen schälen und beides hacken. Pfefferkörner, Pimentkörner, Nelke und Lorbeerblätter in einem Mörser grob zerstoßen und am besten in ein Teeei oder einen Teebeutel geben. Alles zusammen mit Oregano und Thymian in eine große Schüssel geben und vermischen. Den Wein zugießen, sodass alles gut bedeckt ist. 48 Stunden zugedeckt im Kühlschrank durchziehen lassen.

2 Die restlichen Zwiebeln schälen und in dünne Scheiben hobeln. Kartoffeln schälen und in Scheiben schneiden. Den Schüsselinhalt durch ein Sieb abgießen, die Marinade dabei auffangen. Kräuterzweige und Gewürze entfernen. Die Butter in einem kleinen Topf schmelzen.

3 Nun abwechselnd Kartoffeln, Zwiebelringe und Fleisch und Gemüse in den Dutch Oven schichten und jede Schicht mit Salz und Pfeffer würzen. Die Marinade zugießen. Die Butter darüber verteilen.

4 Den Deckel auf den Topf legen und den Dutch Oven auf mittlere Ober-/Unterhitze einstellen (ca. 180 °C). Dafür 8 der durchgeglühten Briketts unter dem Topf, die restlichen 7 Briketts auf dem Deckel platzieren. Den Eintopf 2–2,5 Stunden leicht köcheln lassen.

TIPP

Wird der Dutch in einen Grill oder Backofen gestellt, den Dutch mit einem aus Mehl und Wasser geknetetem Teig verschließen. Dafür den Teig um den kalten Dutch Oven legen und den Dutch in den kalten Grill bzw. Ofen stellen.

KAP-04

SCHWEINE-FLEISCH

SCHASCHLIK-TOPF

WER ZU FAUL ZUM SPIEßEN IST

FÜR 4 PERSONEN

1 kg Schweinenacken
1 El Olivenöl
Salz
Pfeffer
2 Tl Paprikapulver edelsüß
2 rote Zwiebeln
2 Knoblauchzehen
1 kleine Chilischote
250 g Bacon
3 Paprikaschoten
2 El Öl
4 El Tomatenmark
500 ml Rinderbrühe
2 El Sojasauce
2 El Apfelessig
1 Tl Worcestersauce
1 Tl Cayennepfeffer

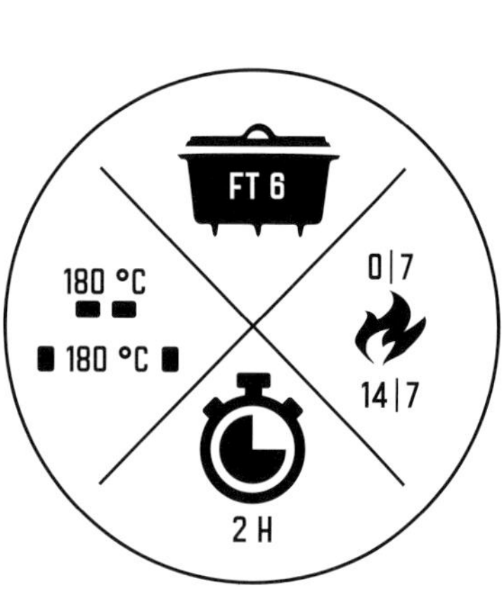

VORBEREITEN: 14 BRIKETTS DURCHGLÜHEN

1 Das Fleisch trocken tupfen und in mittelgroße Würfel schneiden, dann in eine Schüssel geben. Olivenöl, etwas Salz und Pfeffer und Paprikapulver zugeben und alles gut durchmischen.

2 Zwiebeln und Knoblauchzehen schälen und hacken. Chili putzen und fein hacken. Bacon in kleine Stücke schneiden. Paprikaschoten putzen und in Streifen oder Stücke schneiden.

3 Den Dutch Oven mit mittlerer Unterhitze aufheizen (ca. 180 °C). Dafür die 14 durchgeglühten Briketts unter dem Topf platzieren. Das Öl im Dutch Oven erhitzen und das Fleisch darin portionsweise von allen Seiten ordentlich anbraten. Dann herausnehmen.

4 Zwiebeln, Knoblauch, Chili und Bacon in den Dutch Oven geben und kurz anbraten. Paprika und Tomatenmark zugeben und mitbraten. Das Fleisch und alle restlichen Zutaten zugeben. Mit Salz und Pfeffer abschmecken.

5 Den Deckel auf den Topf legen und den Dutch Oven auf mittlere Ober-/Unterhitze umstellen (ca. 180 °C): 7 der Briketts auf dem Deckel platzieren, 7 Briketts unter dem Topf belassen. Alles ca. 1 Stunde köcheln lassen. Nochmal mit Salz, Pfeffer und Cayennepfeffer abschmecken und servieren.

TIPP

Was dazu?
Am liebsten Pommes!
Weißbrot geht aber auch.

ELSÄSSER FLAMMKARTOFFELN

MIT ORDENTLICH SPECK UND ZWIEBELN

FÜR 4 PERSONEN

3 große Zwiebeln

1 El Öl

1 kg Schmand

1 Bund gehackter Majoran

Salz

Pfeffer

1,5 kg vorgekochte Kartoffeln in Scheiben

500 g Speckstreifen

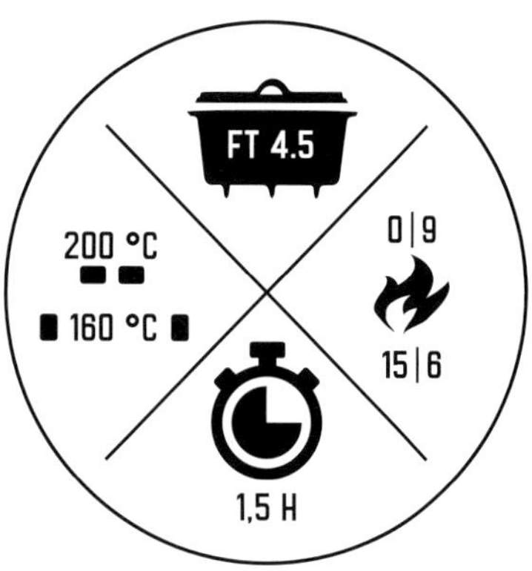

VORBEREITEN: 15 BRIKETTS DURCHGLÜHEN

1 Zwiebeln schälen, halbieren und in Scheiben schneiden. Den Deckel des Dutch Ovens als Pfanne mit hoher Unterhitze aufheizen (ca. 200 °C). Dafür die 15 durchgeglühten Briketts unter dem Deckel platzieren. Das Öl hineingeben und erhitzen. Die Zwiebeln darin goldbraun anbraten, dann herausnehmen. Den Deckel von den Kohlen nehmen und beiseitestellen.

2 Den Schmand mit dem Majoran verrühren und mit Salz und Pfeffer abschmecken. Nun die Zutaten in den Dutch Oven schichten. Dazu zunächst eine Schicht Schmand in den Dutch Oven geben, darauf eine Schicht Kartoffelscheiben, dann eine Schicht Speckstreifen und zum Schluss eine Schicht gebratene Zwiebeln. So fortfahren, bis alle Zutaten verbraucht sind.

3 Den Deckel auswischen, auf den Topf legen und den Dutch Oven auf mittlere Ober-/Unterhitze einstellen (ca. 160 °C): 9 der Briketts auf dem Deckel platzieren, 6 Briketts unter dem Topf. Alles ca. 45 Minuten backen.

TIPP

Lecker dazu: Grünzeug wie Salat oder Böhnchen!

SCHMORSTEAKS

BARBECUE-STYLE

FÜR 4 PERSONEN

4 Schweinenackensteaks à ca. 300 g
BBQ-Rub nach Belieben
1 rote Zwiebel
2 Knoblauchzehen
1 Dose Mais (285 g Abtropfgewicht)
2 Birnen
1–2 El Öl
1 Dose Baked Beans (ca. 400 g)
2 El Honig
2 El Tomatenmark
200 ml BBQ-Sauce
Salz
Pfeffer

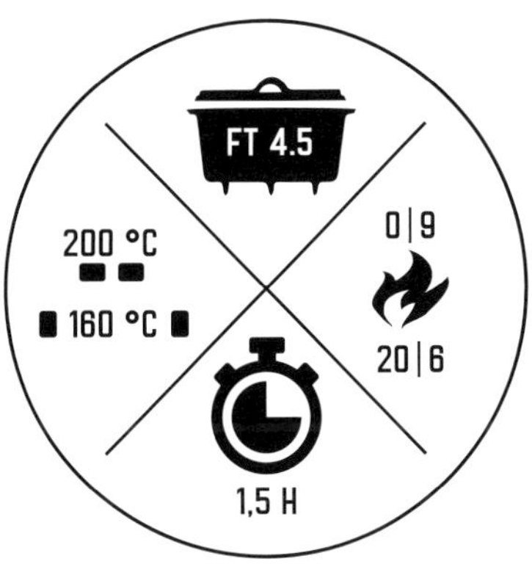

VORBEREITEN: 20 BRIKETTS DURCHGLÜHEN

1 Die Schweinenackensteaks trocken tupfen und gut mit BBQ-Rub einreiben. Zwiebel und Knoblauchzehen schälen, beides fein hacken. Den Mais in ein Sieb geben und abtropfen lassen. Birnen schälen, vom Kerngehäuse befreien und in gleichmäßige Stücke schneiden.

2 Den Dutch Oven mit hoher Unterhitze aufheizen (ca. 200 °C). Dafür die 20 durchgeglühten Briketts unter dem Topf platzieren. Das Öl im Dutch Oven erhitzen und die Steaks darin von beiden Seiten braun anbraten. Herausnehmen, dann Zwiebel und Knoblauch hineingeben und glasig anschwitzen. Mais, Birnen, Bohnen, Honig, Tomatenmark und BBQ-Sauce zugeben und alles vermischen. Mit Salz und Pfeffer abschmecken. Die Steaks zugeben.

3 Den Deckel auf den Topf legen und den Dutch Oven auf mittlere Ober-/Unterhitze umstellen (ca. 160 °C): 9 der Briketts auf dem Deckel platzieren, 6 Briketts unter dem Topf belassen, Rest beiseiteräumen. Alles ca. 45 Minuten schmoren lassen.

TIPP

Lecker dazu: Knödel oder Spätzle und ein grünes Salätchen!

SCHWEINEFILET-PILZ-TOPF

SO'N RICHTIGES SONNTACHSESSEN

FÜR 4 PERSONEN

1 kg Schweinefilet
Salz
Pfeffer
2 Zwiebeln
2 Knoblauchzehen
500 g Champignons
250 g Steinpilze oder Kräutersaitlinge
2 El Öl
1 El Butter
150 g Schinkenwürfel
200 g Sahne
250 ml Rinderbrühe
200 g Creme fraîche
1 El Tomatenmark
1 El Senf
2 Tl getrockneter Majoran
1 Tl getrockneter Thymian
100 g geriebener Parmesan
1 Bund gehackte Petersilie

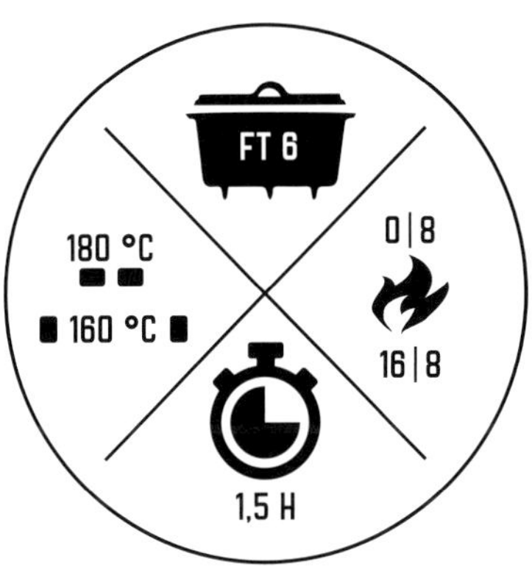

VORBEREITEN: 16 BRIKETTS DURCHGLÜHEN

1 Das Schweinefilet trocken tupfen und von Sehnen befreien. Mit Salz und Pfeffer würzen. Zwiebeln und Knoblauchzehen schälen und fein hacken. Die Pilze putzen und in feine Scheiben schneiden.

2 Den Dutch Oven mit mittlerer Unterhitze aufheizen (ca. 180 °C). Dafür die 16 durchgeglühten Briketts unter dem Topf platzieren. Das Öl zusammen mit der Butter im Dutch Oven erhitzen und das Schweinefilet darin rundherum anbraten, dann herausnehmen.

3 Zwiebeln, Knoblauch und die Schinkenwürfel ins Bratfett in den Dutch geben und bräunen. Die Pilze zugeben und anbraten. Mit Sahne und Brühe ablöschen. Creme fraîche, Tomatenmark, Senf, Majoran und Thymian einrühren. Mit Salz und Pfeffer abschmecken. Das Schweinefilet in ca. 5 cm breite Medaillons schneiden und in die Sauce legen.

4 Den Deckel auf den Topf legen und den Dutch Oven auf mittlere Ober-/Unterhitze umstellen (ca. 160 °C): 8 der Briketts auf dem Deckel platzieren, 8 Briketts unter dem Topf belassen. Alles ca. 25 Minuten köcheln lassen. Mit Parmesan und Petersilie bestreut servieren.

ZWIEBELSTEAKS

WIE DER SAUERLÄNDER SIE MAG

FÜR 4 PERSONEN

1 kg Zwiebeln

500 g kleine Champignons

4 Nackensteaks vom Schwein à ca. 300 g

3 El mittelscharfer Senf

5 El Mehl

100 g geräucherter Bauchspeck

2 El Butterschmalz

400 g Sahne

300 g geriebener Cheddar

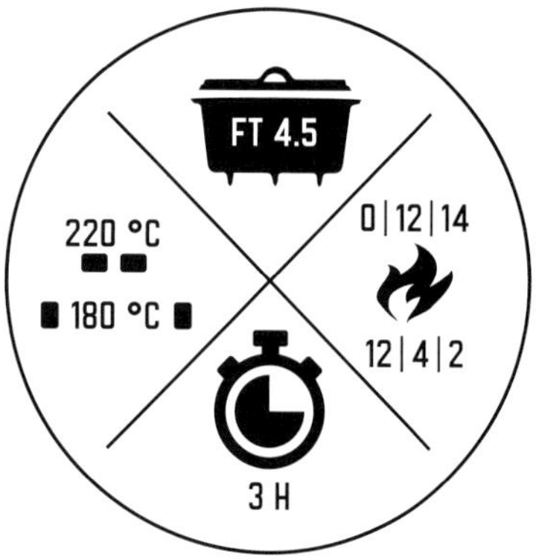

VORBEREITEN: 16 BRIKETTS DURCHGLÜHEN

1 Zwiebeln schälen und in feine Streifen schneiden. Pilze putzen. Nackensteaks trocken tupfen, mit Senf einreiben und rundherum in Mehl wälzen. Speck in feine Streifen schneiden.

2 Den Dutch Oven mit hoher Unterhitze aufheizen (ca. 220 °C). Dafür 12 der durchgeglühten Briketts unter dem Topf platzieren. Butterschmalz im Dutch Oven zerlassen und die Nackensteaks darin von beiden Seiten goldbraun anbraten. Dann herausnehmen und den Speck anbraten. Zwiebeln zugeben und garen, bis sie leicht Farbe angenommen haben. Dann die Pilze zugeben und ebenfalls anbraten.

3 Die Zwiebel-Pilz-Speck-Mischung aus dem Topf nehmen und den Topf von der Hitzequelle nehmen. Nun ⅓ der Zwiebel-Pilz-Speck-Mischung in den Dutch Oven geben, 2 Steaks darauf platzieren, ⅓ der Mischung darauf verteilen, die restlichen Steaks auflegen und die restliche Mischung darauf verteilen. Zum Schluss die Sahne angießen.

4 Den Deckel auf den Topf legen und den Dutch Oven auf mittlere Ober-/Unterhitze umstellen (ca. 180 °C): 12 der Briketts auf dem Deckel platzieren, 4 Briketts unter dem Topf belassen. Alles ca. 90 Minuten schmoren lassen, bis die Sahne etwas einreduziert ist. Zwischendurch immer mal wieder prüfen, ob noch genug Flüssigkeit vorhanden ist.

5 Nach der Garzeit den Cheddar über den Dutch-Inhalt streuen und schmelzen lassen. Dazu 2 Briketts unten belassen, die restlichen Briketts auf den Deckel geben.

WINZERBRATEN

MIT LECKER SAUERKRAUT

FÜR 4 PERSONEN

1 Schweinenacken à ca. 2,5 kg
100 ml Weißwein
50 ml Madeira
Salz
Zucker
1 Zwiebel
2 El Öl
2 kg Weinsauerkraut
2 Lorbeerblätter
Pfeffer

Außerdem
Marinierspritze oder Ähnliches

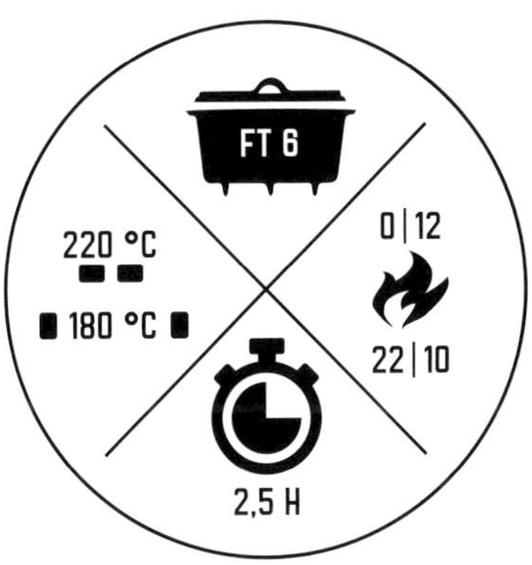

VORBEREITEN:
FLEISCH 1 STUNDE ZIEHEN LASSEN; 22 BRIKETTS DURCHGLÜHEN

1 Das Fleisch trocken tupfen. Wein und Madeira mit 15 g Salz und 5 g Zucker gut verrühren, bis sich Salz und Zucker aufgelöst haben. Die Flüssigkeit mit einer Marinierspritze aufziehen und gleichmäßig in das Fleisch spritzen. 1 Stunde im Kühlschrank ruhen lassen.

2 Inzwischen die Zwiebel schälen und hacken. Den Dutch Oven mit hoher Unterhitze aufheizen (ca. 220 °C). Dafür die 22 durchgeglühten Briketts unter dem Topf platzieren. Das Öl in den Dutch Oven geben und erhitzen. Das Fleisch von allen Seiten darin schön braun anbraten. Herausnehmen, dann die Zwiebel hineingeben und glasig anschwitzen. Sauerkraut und Lorbeerblätter zugeben. Das Fleisch auf das Sauerkraut legen.

3 Den Deckel auf den Topf legen und den Dutch Oven auf mittlere Ober-/Unterhitze umstellen (ca. 180 °C): 12 der Briketts auf dem Deckel platzieren, 10 Briketts unter dem Topf belassen. Alles so lange garen, bis das Fleisch eine Kerntemperatur von 70 °C hat. Zum Schluss das Sauerkraut mit Salz, Pfeffer und Zucker abschmecken und zusammen mit dem Fleisch servieren.

RÄUBERFLEISCH

OPPA SACHT, DAS ESSEN ABER AUCH POLIZISTEN

FÜR 4 PERSONEN

1 rote Zwiebel

2 Knoblauchzehen

500 g Champignons

je 1 gelbe und rote Paprikaschote

4 Gewürzgurken

4 Schweineschnitzel à ca. 200 g (oder Hähnchenschnitzel)

Salz

Pfeffer

2 El Öl

2 El Tomatenmark

150 g Speckwürfel

250 ml Gemüsebrühe

200 g Schmand

1 Tl Paprikapulver rosenscharf

1 Tl Tabasco

250 g geriebener mittelalter Gouda

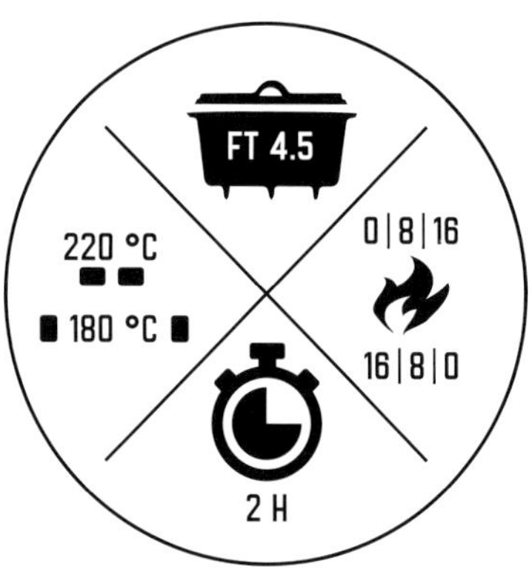

VORBEREITEN: 16 BRIKETTS DURCHGLÜHEN

1 Zwiebel und Knoblauchzehen schälen und fein hacken. Champignons putzen und in feine Scheiben schneiden. Paprikaschoten putzen und in Streifen schneiden. Gewürzgurken ebenfalls in Streifen schneiden. Schnitzel trocken tupfen und mit Salz und Pfeffer würzen.

2 Den Dutch Oven mit hoher Unterhitze aufheizen (ca. 220 °C). Dafür die 16 durchgeglühten Briketts unter dem Topf platzieren. Das Öl im Dutch Oven erhitzen und die Schnitzel darin kurz von beiden Seiten anbraten, dann herausnehmen. Zwiebel und Knoblauch in den Dutch geben und kurz anbraten. Tomatenmark, Speck, Champignons, Paprika und Gewürzgurken zugeben und alles ca. 5 Minuten braten. Mit der Gemüsebrühe ablöschen. Den Schmand einrühren. Paprikapulver und Tabasco unterrühren. Mit Salz und Pfeffer abschmecken. Dann die Schnitzel wieder in den Dutch Oven geben und in die Sauce legen.

3 Den Deckel auf den Topf legen und den Dutch Oven auf mittlere Ober-/Unterhitze umstellen (ca. 180 °C): 8 der Briketts auf dem Deckel platzieren, 8 Briketts unter dem Topf belassen. Das Räuberfleisch ca. 45 Minuten garen.

4 10 Minuten vor Ende der Garzeit den Käse auf den Schnitzeln verteilen. Alle Briketts auf den Deckel legen und das Räuberfleisch mit dem Käse überbacken.

DEEP DISH PIZZA

PIZZAKUCHEN AUS CHICAGO

FÜR 4-6 PERSONEN

Für den Teig

1 Päckchen Trockenhefe

300 ml lauwarmes Wasser

1 El Zucker

400 g Mehl

80 g Maisgrieß

30 ml Olivenöl

1 ½ Tl Meersalz

Für die Sauce

1 Zwiebel

1 Knoblauchzehe

1 El Olivenöl

1 Dose stückige Tomaten (400 g)

1 Tl getrockneter Oregano

1 Tl Salz

1 Tl Pfeffer

Für die Füllung

125 g Champignons

1 Paprikaschote

500 g Mozzarella

100 g Schinken

80 g Salami

20 Oliven ohne Stein

Außerdem

Mehl für die Arbeitsfläche

Öl zum Einfetten

VORBEREITEN:
TEIG 70 MINUTEN GEHEN LASSEN;
15 BRIKETTS DURCHGLÜHEN

1 Für den Teig die Hefe mit etwas Wasser und etwas von dem Zucker in einer kleinen Schüssel verrühren, dann 10 Minuten an einem warmen Ort ruhen lassen.

2 Mehl, Maisgrieß, restliches Wasser, restlichen Zucker und die Hefemischung in eine große Rührschüssel geben und alles mit den Knethaken des Handrührgerätes verkneten. Das Olivenöl langsam zugießen, das Salz zugeben und alles gut verkneten. Den Teig aus der Schüssel nehmen und mit den Händen auf einer bemehlten Arbeitsfläche weiterkneten, bis er nicht mehr klebt. Den Teig wieder in die Schüssel geben, mit einem Küchentuch abdecken und an einem warmen Ort ca. 1 Stunde gehen lassen.

3 In der Zwischenzeit die Sauce zubereiten. Dazu Zwiebel und Knoblauch schälen und hacken. In einem kleinen Topf das Olivenöl erhitzen und Zwiebel und Knoblauch darin glasig dünsten. Tomaten, Oregano und die Gewürze zugeben und alles 10 Minuten bei schwacher Hitze köcheln lassen. Auskühlen lassen.

4 Für die Füllung Champignons putzen und in Scheiben schneiden. Paprika putzen und in kleine Stücke schneiden. Mozzarella abtropfen lassen und in kleine Stücke schneiden. Schinken und Salami in Stücke schneiden. Oliven hacken.

5 Den Deckel des Dutch Ovens gut mit Öl einfetten. Den Teig noch einmal mit den Händen durchkneten. Dann ⅔ des Teiges auf einer bemehlten Arbeitsfläche ausrollen und in den Dutch-Oven-Deckel legen. Am Boden festdrücken und einen Teigrand hochziehen. ⅓ des Mozzarellas und die restlichen Zutaten für die Füllung auf dem Boden verteilen. Etwas Tomatensauce darübergeben und ⅓ des Mozzarellas daraufstreuen.

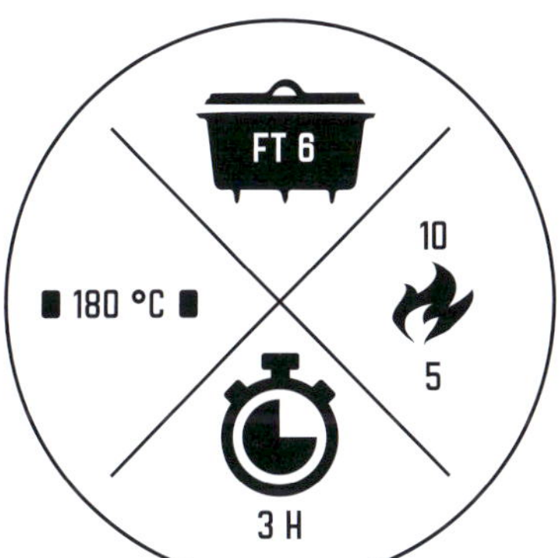

6 Den restlichen Teig rund ausrollen und auflegen. Am Rand mit dem Teigrand zusammendrücken, sodass ein geschlossener Deckel entsteht. Die restliche Sauce und den restlichen Mozzarella darauf verteilen.

7 Nun den Dutch-Oven-Topf mit der Öffnung nach unten auf den Dutch-Deckel stellen. Den Dutch Oven auf mittlere Ober-/Unterhitze (ca. 180 °C) einstellen. Dafür 5 der durchgeglühten Briketts am Rand des „Bodens" des Dutch Ovens verteilen, die restlichen 10 obendrauf verteilen. Die Pizza 30–40 Minuten backen.

SCHWEINE-SPARGEL-TOPF

BIS JOHANNI NICH VERGESSEN, 7 WOCHEN SPARGEL ESSEN!

FÜR 4 PERSONEN

2 Schweinefilets
1–2 Tl Salz
2 Tl Pfeffer
1 Tl Zucker
2 Tl Paprikapulver edelsüß
2 Tl getrockneter Majoran
1 Tl Zwiebelpulver
1 Tl Knoblauchpulver
1 kg weißer Spargel
6 große Kartoffeln (vorwiegend festkochend)
1 Gemüsezwiebel
500 g Bacon
500 ml Sauce Hollandaise (FP)
1 Bund gehackte glatte Petersilie

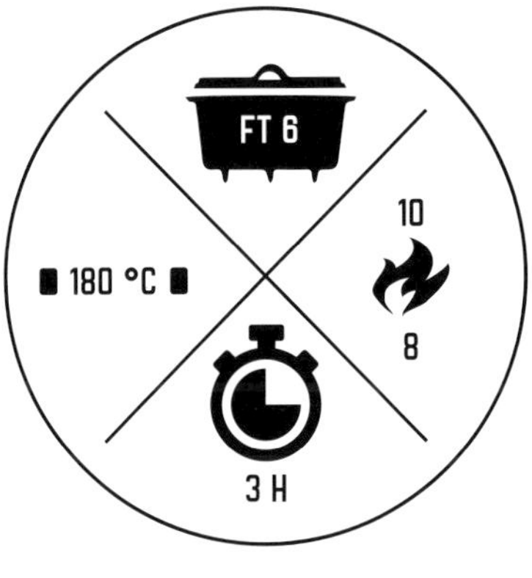

VORBEREITEN:
FLEISCH 1 STUNDE MARINIEREN;
18 BRIKETTS DURCHGLÜHEN

1 Die Schweinefilets trocken tupfen und von Sehnen und Silberhaut befreien. Die Gewürze und Kräuter miteinander vermischen und die Schweinefilets damit gut einreiben. Etwa 1 Stunde abgedeckt in den Kühlschrank stellen.

2 Den Spargel schälen und die holzigen Enden abschneiden. Kartoffeln schälen und in etwa daumendicke Scheiben schneiden. Die Zwiebel schälen und in Ringe schneiden.

3 Den Boden des Dutch Oven mit dem Bacon auslegen. Zwiebeln und Kartoffeln darauf verteilen. Den Spargel auflegen. Die Sauce Hollandaise über dem Gemüse verteilen und die Schweinefilets auflegen.

4 Den Dutch Oven auf mittlere Ober-/Unterhitze (ca. 180 °C) einstellen. Dafür 8 der durchgeglühten Briketts unter dem Topf platzieren. Den Deckel auflegen und die restlichen 10 durchgeglühten Briketts darauf verteilen. Alles ca. 90 Minuten garen. Zum Schluss mit der Petersilie bestreuen.

TIPP

Statt Fertig-Hollandaise: 50 g Butter schmelzen, 50 g Mehl unter Rühren dazu, anschwitzen. 500 ml Milch unter Rühren dazu, aufkochen. Mit Salz, Pfeffer und Muskat abschmecken.

SCHWEINSBRATEN

LIEBE GRÜßE AN KATHI UND DEN PINKERS MICHI

FÜR 4 PERSONEN

2 kg Schweinenacken
250 g Knochen (am besten vom Schwein)
Salz
Pfeffer
2 El Kümmel
2 (weiße) Zwiebeln
1 Möhre
150 g Knollensellerie
1 Stange Lauch
2 El Butterschmalz
2 El Tomatenmark
500 ml Rinderbrühe
1 Flasche dunkles Bier
ggf. dunkler Saucenbinder oder Speisestärke
2 Tl getrockneter Majoran

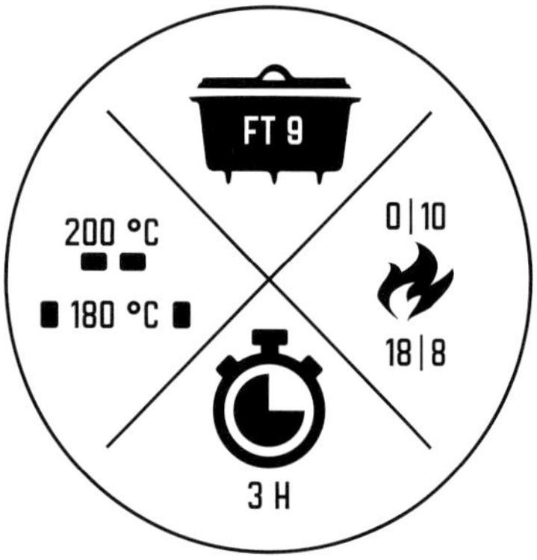

VORBEREITEN: 18 BRIKETTS DURCHGLÜHEN

1 Das Fleisch und die Knochen trocken tupfen und mit Salz, Pfeffer und Kümmel kräftig würzen. Die Zwiebeln schälen und grob würfeln. Möhre und Sellerie putzen, schälen und in feine Würfel schneiden. Lauch putzen und ebenfalls fein würfeln.

2 Den Dutch Oven mit hoher Unterhitze aufheizen (ca. 200 °C). Dafür die 18 durchgeglühten Briketts unter dem Topf platzieren. Das Butterschmalz im Dutch Oven zerlassen und das Fleisch sowie die Knochen darin scharf anbraten, dann herausnehmen. Zwiebeln und Gemüse in den Topf geben und anrösten. Das Tomatenmark zugeben und kurz mitrösten. Alles mit der Brühe ablöschen und ordentlich durchrühren. Die Knochen und das Fleisch zugeben.

3 Den Deckel auf den Topf legen und den Dutch Oven auf mittlere Ober-/Unterhitze umstellen (ca. 180 °C): 10 der Briketts auf dem Deckel platzieren, 8 Briketts unter dem Topf belassen. Den Braten ca. 2 Stunden garen, dabei alle 30 Minuten mit einem ordentlichen Schluck Bier übergießen.

4 Nach der Garzeit Knochen und Fleisch aus dem Topf nehmen. Das Fleisch mit Alufolie bedeckt kurz ruhen lassen. Für die Sauce je nach Geschmack und gewünschter Konsistenz den Topfinhalt durch ein Sieb abgießen und einkochen oder mit Saucenbinder oder Speisestärke eindicken. Alternativ den Topfinhalt pürieren. Die Sauce mit Salz, Pfeffer und Majoran würzen und zu dem Fleisch servieren.

TIPP

Normale Zwiebeln gehen auch – die Weißen sind aber so schön mild und süßlich!

MAISSUPPE MIT BACON

DER KLASSIKER VOM GRILL IN FLÜSSIG

FÜR 4 PERSONEN

250 g Bacon
1 Gemüsezwiebel
2 Knoblauchzehen
3 Dosen Mais à ca. 300 g
800 ml Fleischbrühe
2 Tl Salz
1 Tl Pfeffer
1 Tl getrockneter Oregano
½ Tl getrockneter Thymian
200 g Sahne

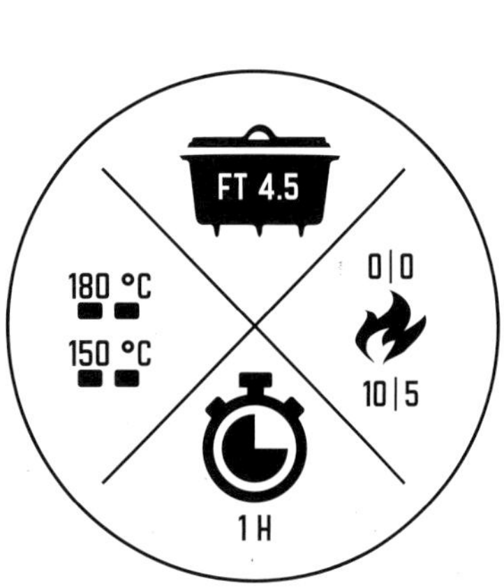

VORBEREITEN: 10 BRIKETTS DURCHGLÜHEN

1 Den Bacon in feine Streifen schneiden. Zwiebel und Knoblauchzehen schälen und in feine Würfel schneiden.

2 Den Dutch Oven auf mittlere Unterhitze einstellen (ca. 180 °C). Dafür die 10 durchgeglühten Briketts unter dem Topf platzieren. Den Bacon sofort in den Dutch geben und in der langsam ansteigenden Hitze knusprig auslassen. Herausnehmen.

3 Zwiebel und Knoblauch hineingeben und in dem Bratfett leicht farbig anschwitzen. Den Mais zugeben und alles verrühren. Die Brühe angießen.

4 Den Deckel auf den Topf legen und den Dutch Oven auf niedrige Unterhitze umstellen (ca. 150 °C): 5 Briketts unter dem Topf belassen, Rest beiseiteräumen. Alles ca. 25 Minuten köcheln lassen.

5 Die Suppe mit Salz, Pfeffer, Oregano und Thymian abschmecken, dann mit einem Pürierstab oder Stabmixer pürieren. Die Sahne zugeben und nochmal pürieren. Mit Bacon bestreut servieren.

TIPP
Ganz feine Typen streichen die Suppe vor Zugabe der Sahne noch durch ein Sieb ...

TIPP
Und was dazu?
Reis, ganz klar! Glasnudeln
sind aber auch super.

ASIA-SCHWEINEBAUCH

FÜR ALLE, DIE „BURNT ENDS“ AUCH NICHT MEHR SEHEN KÖNNEN

FÜR 4 PERSONEN

500 g Schweinebauch
1 Bund Frühlingszwiebeln
2 Chilischoten
2 Knoblauchzehen
1 daumengroßes Stück Ingwer
20 ml Öl
50 g Zucker
1 Zimtstange
3 Tl Salz
2 Tl Pfeffer
2 Sternanis
3 El Sojasauce
3 El Reiswein
5 Lorbeerblätter
4 El Speisestärke

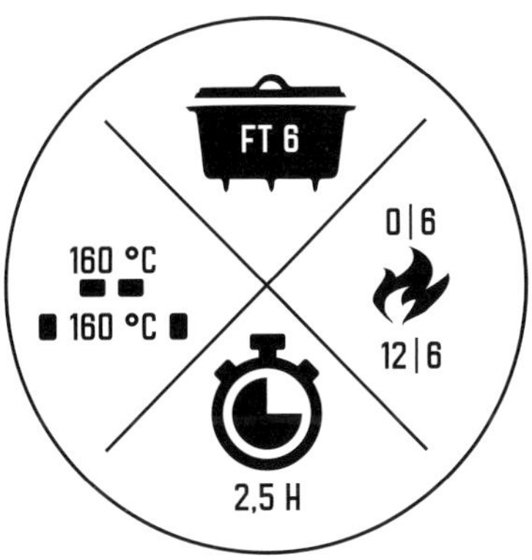

VORBEREITEN: 12 BRIKETTS DURCHGLÜHEN

1 Den Schweinebauch trocken tupfen und in mundgerechte Würfel schneiden. In reichlich kochendem Wasser 5–10 Minuten vorkochen.

2 Die Frühlingszwiebeln putzen und in grobe Stücke schneiden. Chilis putzen, entkernen und fein hacken. Knoblauchzehen schälen und fein hacken. Ingwer schälen und in dünne Scheiben schneiden.

3 Den Dutch Oven mit mittlerer Unterhitze aufheizen (ca. 160 °C). Dafür die 12 durchgeglühten Briketts unter dem Topf platzieren. 10 ml Öl und den Zucker in den Dutch Oven geben und 5–10 Minuten unter Rühren köcheln lassen, bis der Zucker beginnt zu karamellisieren. Nun langsam ca. 100 ml Wasser zugießen, dabei kräftig rühren. Das Karamell-Wasser-Gemisch aus dem Dutch Oven schöpfen.

4 Nun das restliche Öl in den Dutch Oven geben und das Fleisch kräftig darin anbraten. Frühlingszwiebeln, Chilis, Knoblauch, Ingwer und die Gewürze zugeben und kurz mitbraten. Mit dem Karamell-Wasser, der Sojasauce und dem Reiswein ablöschen. Lorbeerblätter zugeben.

5 Den Deckel auf den Topf legen und den Dutch Oven auf mittlere Ober-/Unterhitze umstellen (ca. 160 °C): 6 der Briketts auf dem Deckel platzieren, 6 Briketts unter dem Topf belassen. Alles 1,5–2 Stunden garen.

6 Nach der Garzeit die Stärke zum gleichen Teil mit Wasser vermengen und unterrühren, um die Sauce zu binden. Das Fleisch mit der Sauce servieren.

KAP-05

LAMM & WILD

HUBERTUS-TOPF

EIN HALALI DEM BRENKSCHEN FORST UND SCHRECKENBERG

FÜR 4 PERSONEN

1 kg Hirschgulasch
100 g durchwachsener Speck
4 rote Zwiebeln
100 g Möhren
1 Stange Staudensellerie
200 g kleine Champignons
50 g getrocknete Tomaten in Öl
1 unbehandelte Orange
2 El Öl
2 Tl Tomatenmark
500 ml trockener Rotwein
250 ml Wildfond
250 ml Portwein
Salz
Pfeffer
5 Zweige Thymian
100 g grob gehackte Zartbitterschokolade
4 El Preiselbeerkompott
Zucker
5 Zweige Rosmarin

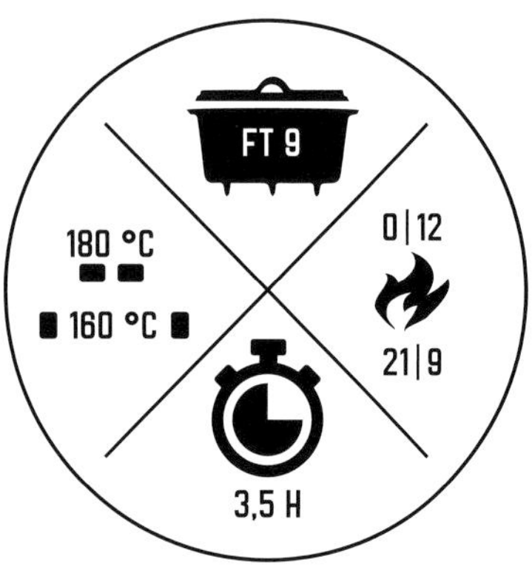

VORBEREITEN: 21 BRIKETTS DURCHGLÜHEN

1 Das Hirschgulasch trocken tupfen. Speck in feine Würfel schneiden. Zwiebeln schälen und fein hacken. Möhren und Staudensellerie putzen, schälen und fein würfeln. Champignons putzen und halbieren. Die getrockneten Tomaten in feine Streifen schneiden. Orange in Scheiben schneiden.

2 Den Dutch Oven mit mittlerer Unterhitze aufheizen (ca. 180 °C). Dafür die 21 durchgeglühten Briketts unter dem Topf platzieren. Das Öl im Dutch Oven erhitzen und Fleisch und Speck darin anbraten. Nach ca. 5 Minuten die Zwiebelwürfel zugeben und unter Rühren weitere 5 Minuten braten. Tomatenmark unterrühren und kurz mitbraten. Mit 200 ml Rotwein ablöschen und die Flüssigkeit ganz einkochen lassen. Nun den restlichen Rotwein, den Wildfond und den Portwein zugeben und alles einmal aufkochen lassen. Möhren, Staudensellerie und Champignons zugeben. Mit Salz und Pfeffer abschmecken und die getrockneten Tomaten, die Orangenscheiben und die Thymianzweige zugeben.

3 Den Deckel auf den Topf legen und den Dutch Oven auf mittlere Ober-/Unterhitze umstellen (ca. 160 °C): 12 der Briketts auf dem Deckel platzieren, 9 Briketts unter dem Topf belassen. Das Gulasch ca. 90 Minuten köcheln lassen, dabei immer mal wieder umrühren.

4 Nach 90 Minuten die Orangenscheiben rausnehmen und die Schokolade einrühren. Weitere 30 Minuten unter gelegentlichem Rühren garen.

5 Die Thymianzweige entfernen und alles mit Preiselbeerkompott, Salz, Pfeffer und eventuell 1 Prise Zucker abschmecken. Die Rosmarinzweige auflegen und weitere 15 Minuten unter gelegentlichem Rühren köcheln lassen.

LAMMRAGOUT

AUS TUNESISCHEN KOCHTÖPFEN

FÜR 4 PERSONEN

2 Zwiebeln

1 kg ausgelöste Lammkeule oder Schulter

2 El Olivenöl

2 El Ras el-Hanout

2 El Tomatenmark

750 ml Gemüsebrühe

Salz

Pfeffer

800 g Kartoffeln

200 g Kirschtomaten

50 g Backpflaumen

50 g getrocknete Aprikosen ohne Stein

50 g Datteln ohne Stein

½ Bund Koriander

ca. 1 Tl Sambal Oelek

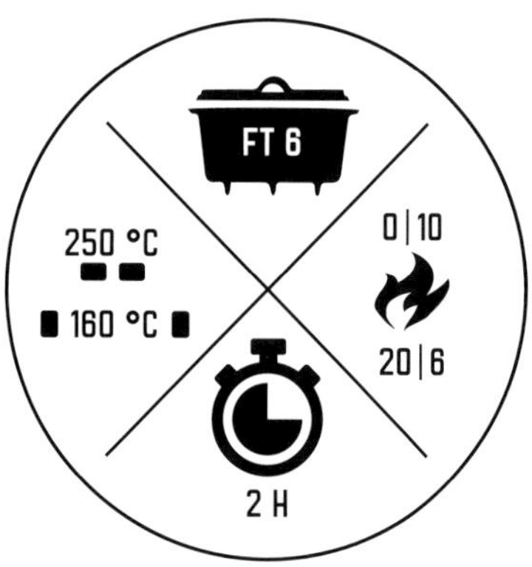

VORBEREITEN: 20 BRIKETTS DURCHGLÜHEN

1 Zwiebeln schälen, halbieren und in ganz feine Streifen schneiden. Lammfleisch trocken tupfen und in ca. 2 x 2 cm große Würfel schneiden.

2 Den Dutch Oven mit hoher Unterhitze aufheizen (ca. 250 °C). Dafür die 20 durchgeglühten Briketts unter dem Topf platzieren. Das Öl im Dutch Oven erhitzen und das Fleisch darin portionsweise rundherum dunkel anbraten, jeweils herausnehmen.

3 Die Zwiebeln in den Topf geben und leicht glasig braten. Ras el-Hanout und Tomatenmark zugeben und kurz anschwitzen. Brühe und Fleisch zugeben. Mit Salz und Pfeffer würzen.

4 Den Deckel auf den Topf legen und den Dutch Oven auf mittlere Ober-/Unterhitze umstellen (ca. 160 °C): 10 der Briketts auf dem Deckel platzieren, 6 Briketts unter dem Topf belassen, Rest beiseiteräumen. Das Ragout ca. 50 Minuten schmoren lassen.

5 Inzwischen die Kartoffeln schälen und in grobe Würfel schneiden. Nach 50 Minuten mit in den Topf geben. Kirschtomaten, Backpflaumen und Aprikosen halbieren und zusammen mit den Datteln in den Dutch geben. Alles weitere 20 Minuten köcheln lassen.

6 Den Koriander fein hacken und die Hälfte davon nach der Garzeit unter das Ragout mischen. Mit Salz, Pfeffer und Sambal Oelek abschmecken. Mit dem restlichen Koriander bestreut servieren.

TIPP
Super dazu:
Fladenbrot oder einfache
Weizenfladen!

ERDNUSSLAMM

DER DUTCH KANN AUCH EXOTISCH

FÜR 6 PERSONEN

6 Lammhinterhaxen
Salz
Pfeffer
1 Paprikaschote
1 Chilischote
2 Dosen geschälte Tomaten à 400 g
2 El Öl
1 Dose Kidneybohnen (400 g)
800 ml Lammfond
1 El Ras el-Hanout
½ Tl gemahlener Anis
3 El Erdnusscreme

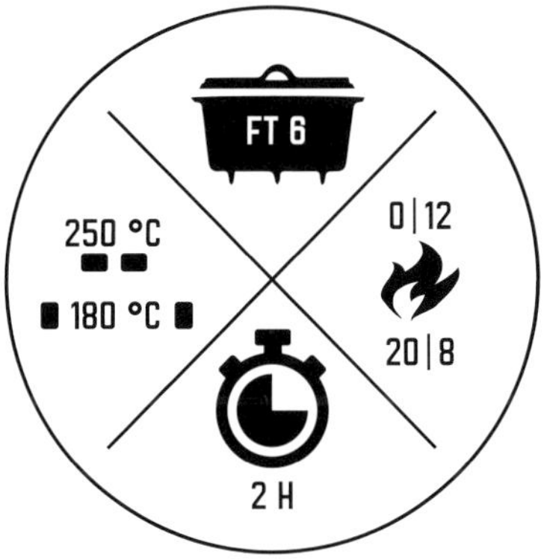

VORBEREITEN: 20 BRIKETTS DURCHGLÜHEN

1 Die Lammhaxen trocken tupfen und rundherum mit Salz und Pfeffer würzen. Paprika putzen und in nicht zu kleine Stücke schneiden. Chili putzen und fein hacken. Die Tomaten in grobe Stücke schneiden.

2 Den Dutch Oven mit hoher Unterhitze aufheizen (ca. 250 °C). Dafür die 20 durchgeglühten Briketts unter dem Topf platzieren. Das Öl im Dutch erhitzen und die Lammhaxen darin rundherum anbraten. Paprika, Chili, Tomaten und Kidneybohnen zugeben und den Lammfond zugießen. Ras el-Hanout und Anis einrühren.

3 Den Deckel auf den Topf legen und den Dutch Oven auf mittlere Ober-/Unterhitze umstellen (ca. 180 °C): 12 der Briketts auf dem Deckel platzieren, 8 Briketts unter dem Topf belassen. Alles ca. 1 Stunde schmoren lassen.

4 Die Erdnusscreme einrühren und weitere 30 Minuten schmoren lassen. Mit Salz und Pfeffer abschmecken.

KAP-06

HACK-FLEISCH

CINCINATTI-CHILI

VONNE JANA & DEM CHRISTIAN

FÜR 4 PERSONEN

2 rote Zwiebeln
2 Knoblauchzehen
2 Chilischoten
500 g geräuchertes Brisket (Rinderbrust)
2 El Öl
500 g gemischtes Hackfleisch
2 El Tomatenmark
1 Tl Chilipulver
1 Tl Pimentpulver
1 Tl Cayennepfeffer
1 Tl Zimt
1 Tl Kreuzkümmel
Salz
500 g passierte Tomaten aus der Dose
1 El Worcestersauce
1 El Essig
500 g Spaghetti
geriebener Cheddar nach Belieben

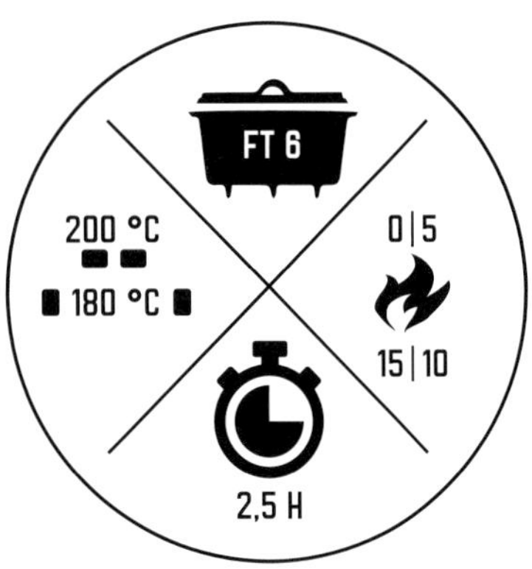

VORBEREITEN: 15 BRIKETTS DURCHGLÜHEN

1 Zwiebeln und Knoblauchzehen schälen und hacken. Chilis putzen und fein hacken. Das Fleisch trocken tupfen und in mundgerechte Würfel schneiden.

2 Den Dutch Oven mit hoher Unterhitze aufheizen (ca. 200 °C). Dafür die 15 durchgeglühten Briketts unter dem Topf platzieren. Das Öl im Dutch Oven erhitzen und das Hackfleisch darin anbraten. Zwiebeln, Knoblauch, Chilis und Tomatenmark zugeben und unter Rühren anschwitzen. Gewürze, 2 Tl Salz, passierte Tomaten, Worcestersauce, Essig, 200 ml Wasser und das Fleisch zugeben, alles gut verrühren und kurz aufkochen lassen.

3 Den Deckel auf den Topf legen und den Dutch Oven auf mittlere Ober-/Unterhitze umstellen (ca. 180 °C): 5 der Briketts auf dem Deckel platzieren, 10 Briketts unter dem Topf belassen. Das Chili 90 Minuten köcheln lassen.

4 In der Zwischenzeit die Spaghetti nach Packungsanweisung in reichlich Salzwasser bissfest kochen, dann in ein Sieb abgießen und abtropfen lassen.

5 Das Chili mit den Nudeln servieren und mit Cheddar bestreuen.

TIPP

In seiner Heimat Ohio werden zum Schluss noch „Oyster Cracker“ drübergestreut!

CHEESEBURGER-PASTA

NUR HALB SO SCHRÄG WIE'S KLINGT

FÜR 4 PERSONEN

1 große Zwiebel
3 Knoblauchzehen
1 Salzgurke
1 El Butterschmalz
500 g Rinderhackfleisch
2 Tl Salz
1 Tl Pfeffer
1 Tl Paprikapulver edelsüß
1 Tl Paprikapulver geräuchert
½ Tl Cayennepfeffer
500 g Fusilli
1300 ml Fleischbrühe
1–2 El Gurkenwasser
2 El Worcestersauce
3 El Ketchup
1 El Senf
120 g Sahne
300 g geriebener Cheddar

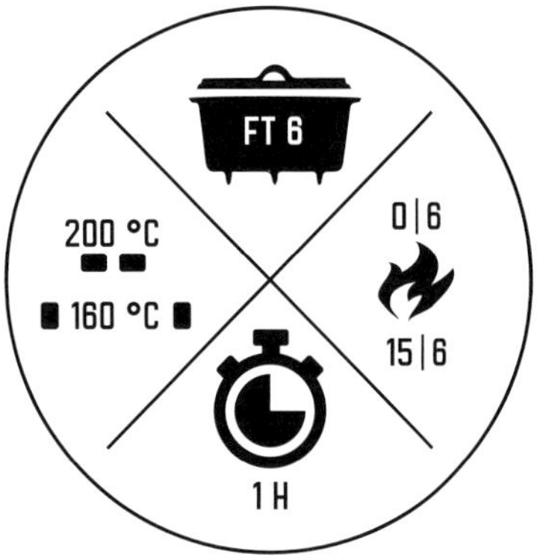

VORBEREITEN: 15 BRIKETTS DURCHGLÜHEN

1 Zwiebel und Knoblauchzehen schälen und fein hacken. Die Salzgurke fein würfeln.

2 Den Dutch Oven mit hoher Unterhitze aufheizen (ca. 200 °C). Dafür die 15 durchgeglühten Briketts unter dem Topf platzieren. Das Butterschmalz im Topf zerlassen und das Hackfleisch darin krümelig braten. Zwiebel und die Gewürze zugeben und anschwitzen. Dann Nudeln, Brühe, Gurkenwasser, Worcestersauce, Ketchup, Senf, Knoblauch und Salzgurke zugeben und alles verrühren.

3 Den Deckel auf den Topf legen und den Dutch Oven auf mittlere Ober-/Unterhitze umstellen (ca. 160 °C): 6 der Briketts auf dem Deckel platzieren, 6 Briketts unter dem Topf belassen, Rest beiseiteräumen. Alles 20–25 Minuten köcheln lassen, bis die Nudeln die Flüssigkeit fast komplett aufgesogen haben. Zum Schluss die Sahne und den Käse unterrühren.

STRASSBURGER AUFLAUF

DIE FRANZOSEN WISSEN WATT SCHMECKT

FÜR 4 PERSONEN

300 g Nudeln (z. B. Spirelli)
Salz
2 rote Zwiebeln
2 Knoblauchzehen
4 El Öl
500 g Rinderhackfleisch
120 g Tomatenmark
300 ml Rotwein
1 Tl Cayennepfeffer
1 Tl getrockneter Thymian
1 Tl getrockneter Rosmarin
1 Tl getrocknetes Basilikum
Pfeffer
250 g Sahne
250 g geriebener mittelalter Gouda

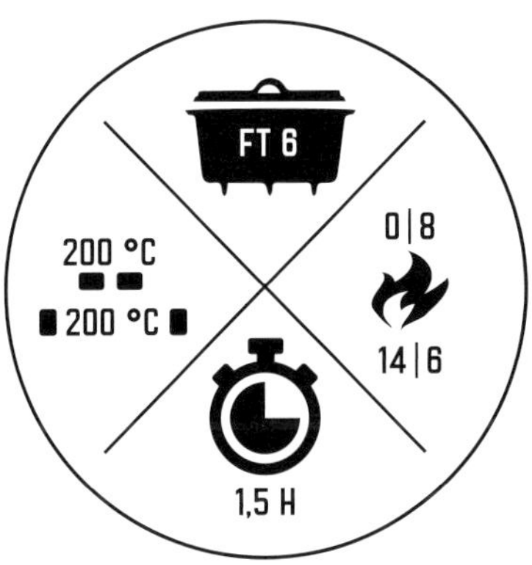

VORBEREITEN: 14 BRIKETTS DURCHGLÜHEN

1 Die Nudeln nach Packungsanweisung in reichlich Salzwasser bissfest kochen, dann in ein Sieb abgießen und abtropfen lassen. Zwiebeln und Knoblauchzehen schälen und fein hacken.

2 Den Dutch Oven mit hoher Unterhitze aufheizen (ca. 200 °C). Dafür die 14 durchgeglühten Briketts unter dem Topf platzieren. Das Öl im Dutch Oven erhitzen und das Hackfleisch darin anbraten. Zwiebeln und Knoblauch zugeben und kurz mitbraten. Das Tomatenmark zugeben und unter Rühren anschwitzen. Mit Rotwein ablöschen und Cayennepfeffer sowie die getrockneten Kräuter einrühren. Mit ca. 2 Tl Salz und 1 Tl Pfeffer abschmecken, dann alles kurz aufkochen lassen.

3 Die Nudeln unterheben, dann die Sahne gleichmäßig darübergießen. Zum Schluss den Käse drüberstreuen.

4 Den Deckel auf den Topf legen und den Dutch Oven auf hohe Ober-/Unterhitze umstellen (ca. 200 °C): 8 der Briketts auf dem Deckel platzieren, 6 Briketts unter dem Topf belassen. Den Auflauf ca. 30 Minuten backen.

SAUERKRAUT-AUFLAUF

LEBEN IST WIE SAUERKRAUT – WOHLE DEM, DER ES VERDAUT

FÜR 4 PERSONEN

3 (weiße) Zwiebeln

8 mittelgroße Kartoffeln (vorwiegend festkochend)

2 El Butterschmalz

500 g gemischtes Hackfleisch

Salz

Pfeffer

2 Tl Paprikapulver edelsüß

2 El Tomatenmark

200 g Frischkäse (Doppelrahmstufe)

500 g Bacon

500 g mildes Sauerkraut

250 g Sahne

250 ml Gemüsebrühe

1 Prise gemahlene Muskatnuss

250 g geriebener mittelalter Gouda

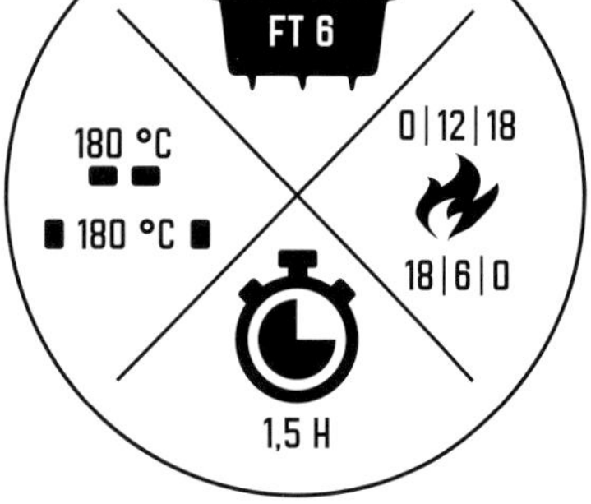

VORBEREITEN: 18 BRIKETTS DURCHGLÜHEN

1 Die Zwiebeln schälen und fein würfeln. Kartoffeln schälen und mit einem Küchenhobel in feine Scheiben schneiden.

2 Den Dutch Oven mit mittlerer Unterhitze aufheizen (ca. 180 °C). Dafür die 18 durchgeglühten Briketts unter dem Topf platzieren. Das Butterschmalz im Dutch Oven schmelzen lassen und das Hackfleisch darin zusammen mit den Zwiebeln krümelig braten. 2 Tl Salz, 1 Tl Pfeffer, Paprikapulver und Tomatenmark zugeben und kurz mitbraten. Den Topf dann von den Briketts nehmen, die Hackfleischmischung in eine Schüssel umfüllen und mit dem Frischkäse vermischen.

3 Den Bacon auf dem Boden des Dutch Oven verteilen und etwas Sauerkraut darauf verteilen. Dann eine Schicht der Hackfleischmischung darauf verteilen und eine Schicht Kartoffeln auflegen. Auf diese Weise verfahren, bis alle Zutaten aufgebraucht sind.

4 In einer Schüssel Sahne und Gemüsebrühe vermischen, mit Muskat und etwas Salz und Pfeffer abschmecken, dann über den Auflauf gießen. Den Käse darüberstreuen.

5 Den Deckel auf den Topf legen und den Dutch Oven auf mittlere Ober-/Unterhitze umstellen (ca. 180 °C): 12 der Briketts auf dem Deckel platzieren, 6 Briketts unter dem Topf belassen. Den Auflauf ca. 1 Stunde garen. Wer den Käse schön knusprig mag, legt 10 Minuten vor Garzeitende die Briketts von unten mit auf den Deckel.

TIPP
Um den Käse auf dem Gasgrill knusprig zu bekommen, den Deckel abnehmen und 10 Minuten überbacken.

TORTILLA-AUFLAUF

DAS GIBT'S NUR IN MEXIKO

FÜR 4 PERSONEN

1 rote Zwiebel
2 Knoblauchzehen
1 rote Paprikaschote
250 g Cocktailtomaten
60 g Oliven ohne Stein
1 kleine Dose Mais
1 kleine Dose Kidneybohnen
250 g Feta
2 El Öl
500 g Rinderhackfleisch
1 Dose stückige Tomaten (400 g)
1 Tl Salz
1 Tl Pfeffer
1 Tl Cayennepfeffer
1 Tl Kreuzkümmel
2 Tl getrockneter Thymian
1 Tl getrockneter Oregano
10 Weizentortillas
250 g geriebener Cheddar

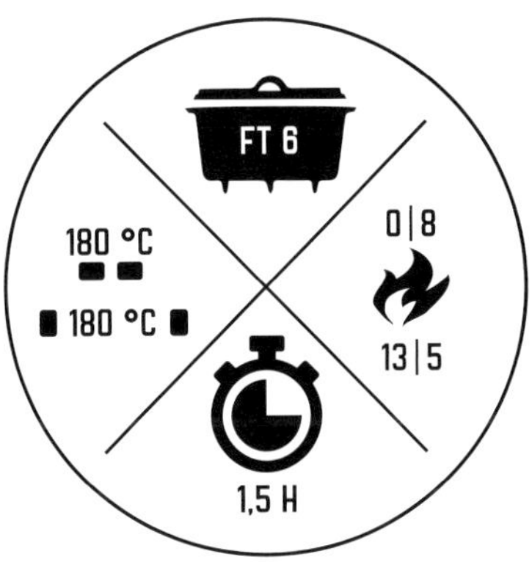

VORBEREITEN: 13 BRIKETTS DURCHGLÜHEN

1 Zwiebel und Knoblauchzehen schälen und fein hacken. Paprika und Cocktailtomaten putzen und in kleine Würfel schneiden. Oliven in Ringe schneiden. Mais und Kidneybohnen in einem Sieb abtropfen lassen. Den Feta würfeln.

2 Den Dutch Oven mit mittlerer Unterhitze aufheizen (ca. 180 °C). Dafür die 13 durchgeglühten Briketts unter dem Topf platzieren. Das Öl im Dutch Oven erhitzen und das Hackfleisch darin anbraten. Zwiebeln, Knoblauch und Paprika zugeben und kurz mitbraten. Cocktailtomaten, Oliven, Mais, Kidneybohnen, die stückigen Tomaten und die Gewürze und die Kräuter zugeben und alles gut verrühren.

3 Die Sauce bei geöffnetem Deckel 20–25 Minuten unter gelegentlichem Rühren köcheln lassen, bis sie deutlich eingedickt ist. Anschließend aus dem Dutch Oven in eine Schüssel umfüllen. Den Feta zugeben und alles ordentlich durchrühren.

4 Den Dutch Oven auswischen und mit den Weizentortillas auslegen. Die Sauce über die Tortillas geben. Den Cheddar drüberstreuen.

5 Den Deckel auf den Topf legen und den Dutch Oven auf mittlere Ober-/Unterhitze umstellen (ca. 180 °C): 8 der Briketts auf dem Deckel platzieren, 5 Briketts unter dem Topf belassen. Den Auflauf ca. 25 Minuten garen.

BLUMENKOHL BACON BOMB

ALTES GEMÜSE IN LECKER UND NEU

FÜR 4 PERSONEN

1 mittelgroßer Blumenkohl
Salz
1 Zwiebel
1 kg Kartoffeln
1 El Öl
700 g gemischtes Hackfleisch
Pfeffer
½ Tl Knoblauchgranulat
200 g Bacon in Scheiben
1 El gemahlene Muskatnuss
500 g Sahne
200 ml Gemüsebrühe
250 g Gouda

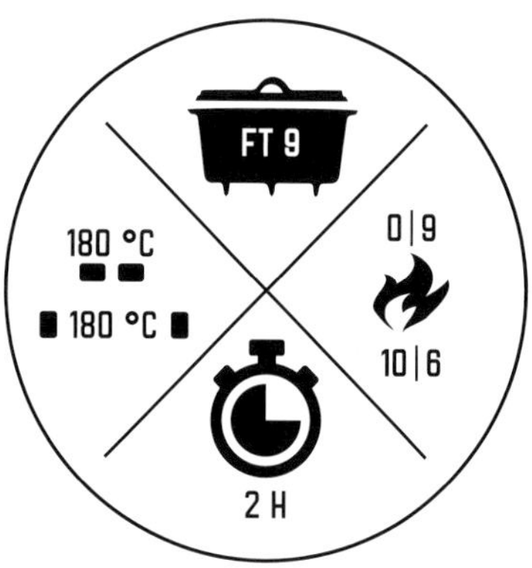

VORBEREITEN: 15 BRIKETTS DURCHGLÜHEN

1 Den Blumenkohl putzen und in ausreichend Salzwasser 10 Minuten vorkochen, dann abgießen und leicht auskühlen lassen. Die Zwiebel schälen und fein hacken. Die Kartoffeln schälen und in ca. 1 cm dicke Scheiben schneiden.

2 Den Deckel des Dutch Ovens mit mittlerer Unterhitze aufheizen (ca. 180 °C). Dafür 10 der durchgeglühten Briketts unter dem Deckel platzieren. Das Öl im Deckel erhitzen und die Zwiebel darin leicht anschwitzen. Dann zusammen mit dem Hackfleisch in eine Schüssel geben und mit 1 ½ Tl Salz, 1 Tl Pfeffer und dem Knoblauchgranulat vermischen. Den Deckel von den Kohlen nehmen und beiseitestellen.

3 Die Hackmischung auf dem Blumenkohl verteilen und leicht andrücken. Den Bacon kreuzförmig darauf verteilen, sodass der Blumenkohl oben mit Bacon bedeckt ist. Den Blumenkohl in den Dutch Oven legen. Die Kartoffelscheiben rundherum platzieren. 2 Tl Salz und den Muskat mit der Sahne vermischen und zusammen mit der Gemüsebrühe in den Dutch Oven geben.

4 Den ausgewischten Deckel auf den Topf legen und den Dutch Oven auf mittlere Ober-/Unterhitze einstellen (ca. 180 °C): 9 der Briketts auf dem Deckel platzieren, 6 Briketts unter den Topf legen. Den Blumenkohl ca. 90 Minuten weich garen.

5 In der Zwischenzeit den Käse reiben und diesen 10 Minuten vor Ende der Garzeit locker auf dem Blumenkohl verteilen.

ORIENT-MEATBALLS

1000 UND 1 HACKBÄLLCHEN

FÜR 4 PERSONEN

Für die Hackbällchen

1 rote Zwiebel

500 g Rinderhackfleisch

1 rohes Ei

2 gekochte Eier

200 g Semmelbrösel

1 Tl Ras el-Hanout

2 Tl Salz, 1 Tl Pfeffer

1 Tl Cayennepfeffer

Für die Sauce

250 g Rosinen

1 rote Zwiebel

6 El Olivenöl

2 El Ras el-Hanout

7 Gewürznelken

1 kleines Päckchen Safran nach Belieben

1 Dose stückige Tomaten

2 El Honig

Salz, Pfeffer

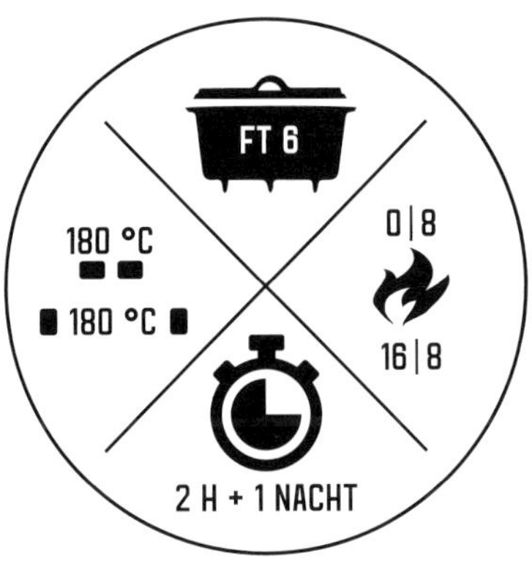

VORBEREITEN: ROSINEN ÜBER NACHT EINWEICHEN; HACKBÄLLCHEN 1 STUNDE DURCHZIEHEN LASSEN; 16 BRIKETTS DURCHGLÜHEN

1 Die Rosinen für die Sauce über Nacht in etwas Wasser einweichen.

2 Für die Hackbällchen die Zwiebel schälen und mit einer Küchenreibe fein in eine Schüssel reiben. Hack, rohes Ei und gekochte Eier, Semmelbrösel und die Gewürze zugeben und alles ordentlich verkneten. Aus der Masse kleine Bällchen formen und diese ca. 1 Stunde durchziehen lassen.

3 Für die Sauce die Zwiebel schälen und fein hacken. Den Dutch Oven mit mittlerer Unterhitze aufheizen (ca. 180 °C). Dafür die 16 durchgeglühten Briketts unter dem Topf platzieren. Das Öl im Dutch Oven erhitzen und die Zwiebel zusammen mit den Gewürzen unter Rühren glasig darin anbraten. Mit den Tomaten und 500 ml Wasser ablöschen. Die Sauce bei geöffnetem Deckel 20 Minuten unter gelegentlichem Rühren einkochen lassen. Dann die Rosinen und den Honig einrühren und mit Salz und Pfeffer abschmecken. Die Hackbällchen dazugeben.

4 Den Deckel auf den Topf legen und den Dutch Oven auf mittlere Ober-/Unterhitze umstellen (ca. 180 °C): 8 der Briketts auf dem Deckel platzieren, 8 Briketts unter dem Topf belassen. Alles ca. 30 Minuten köcheln lassen. Die Hackbällchen mit der Sauce servieren.

KAP-07

FISCH & MEERESFRÜCHTE

PULPO IN TOMATENSUGO

SCHMECKT WIE BEIM ITALIENER – GLAUBEN WIR …

FÜR 4 PERSONEN

500 g küchenfertige Tintenfischtuben
3 rote Zwiebeln
2 Knoblauchzehen
100 g schwarze Oliven ohne Stein
50 g getrocknete Tomaten in Öl
250 g Cocktailtomaten
3 Tl Olivenöl
2 El Tomatenmark
200 ml Gemüsebrühe
1 Dose stückige Tomaten (400 g)
5 Zweige Thymian
1 Lorbeerblatt
2 Tl Salz
1 Tl Pfeffer
2 El Kapern

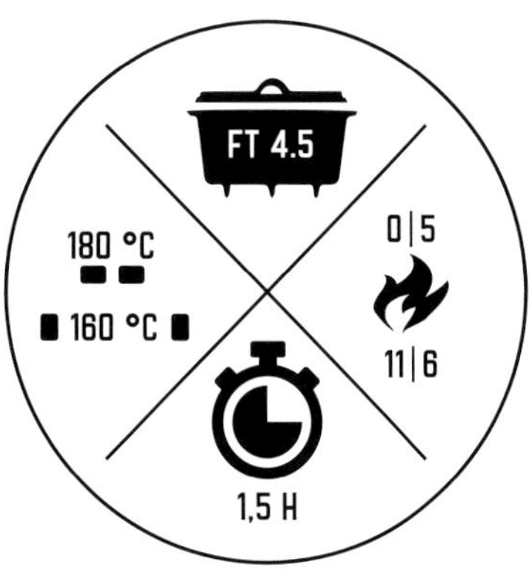

VORBEREITEN: 11 BRIKETTS DURCHGLÜHEN

1 Die Tintenfischtuben in ca. 2 cm dicke Ringe schneiden. Zwiebeln und Knoblauchzehen schälen und grob hacken. Oliven in Ringe schneiden. Die getrockneten Tomaten fein hacken. Cocktailtomaten halbieren.

2 Den Dutch Oven mit mittlerer Unterhitze aufheizen (ca. 180 °C). Dafür die 11 durchgeglühten Briketts unter dem Topf platzieren. Das Olivenöl im Dutch Oven erhitzen und Zwiebeln und Knoblauch darin glasig andünsten. Das Tomatenmark zugeben und unter Rühren anschwitzen. Die Brühe angießen. Tintenfischringe, getrocknete Tomaten, Cocktailtomaten, stückige Tomaten, Thymianzweige, Lorbeerblatt und Salz und Pfeffer zugeben und alles gut verrühren.

3 Den Deckel auf den Topf legen und den Dutch Oven auf mittlere Ober-/Unterhitze umstellen (ca. 160 °C): 5 der Briketts auf dem Deckel platzieren, 6 Briketts unter dem Topf belassen. Alles ca. 30 Minuten köcheln lassen. Dann die Kapern und die Oliven zugeben und weitere 15 Minuten köcheln lassen.

CAIPIRINHA-NUDELN

MIT LACHS UND GARNELEN ... PROST!

FÜR 4 PERSONEN

500 g Penne
Salz
2 rote Zwiebeln
2 Knoblauchzehen
2 Zucchini
250 g Lachsfilet
2 unbehandelte Limetten
4 Tl Rohrzucker
2 El Olivenöl
3 El Butter
250 g Sahne
250 g küchenfertige Garnelen
Pfeffer
1 Bund gehackter Dill

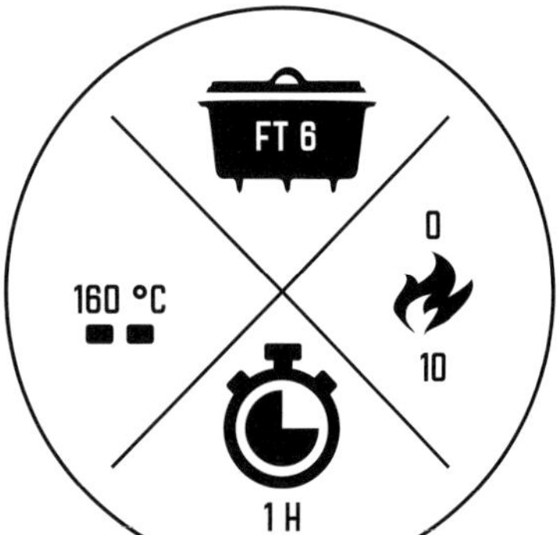

VORBEREITEN: 10 BRIKETTS DURCHGLÜHEN

1 Die Nudeln nach Packungsanleitung in reichlich Salzwasser nicht ganz al dente kochen. Dann abgießen und kalt abschrecken.

2 Inzwischen Zwiebeln und Knoblauchzehen schälen und fein würfeln. Zucchini putzen, längs aufschneiden und die Kerne entfernen, dann in schmale 3-4 cm lange Streifen schneiden. Lachs trocken tupfen und in mundgerechte Stücke schneiden.

3 Die Schale der Limetten fein abreiben. 1 Limette auspressen und den Saft mit der Schale, dem Rohrzucker und dem Olivenöl vermischen.

4 Den Dutch Oven mit mittlerer Unterhitze aufheizen (ca. 160 °C). Dafür die 10 durchgeglühten Briketts unter dem Topf platzieren. Die Butter im Dutch Oven zerlassen und Zwiebeln und Knoblauch darin andünsten. Zucchini zugeben und ca. 5 Minuten mitdünsten. Nun das Zucker-Limettensaft-Gemisch zugeben und kurz aufkochen lassen. Sahne, Lachs und Garnelen zugeben und ca. 5 Minuten erhitzen. Die Nudeln untermischen.

5 Den Deckel auf den Topf legen und alles 10 Minuten unter gelegentlichem Rühren garen. Zum Schluss die Sauce mit Salz und Pfeffer abschmecken und den Dill untermischen.

MOQUECA DE PEIXE

EINTOPF WIE DIE BRASILIANER IHN LIEBEN

FÜR 4 PERSONEN

1 kg Fischfilet (z. B. Kabeljau)
2 unbehandelte Limetten
2 Zwiebeln
3 Knoblauchzehen
2 grüne Paprikaschoten
2 rote Paprikaschoten
1 Chilischote
½ Bund Koriander
Salz
5 El Olivenöl
800 ml Kokosmilch
Pfeffer

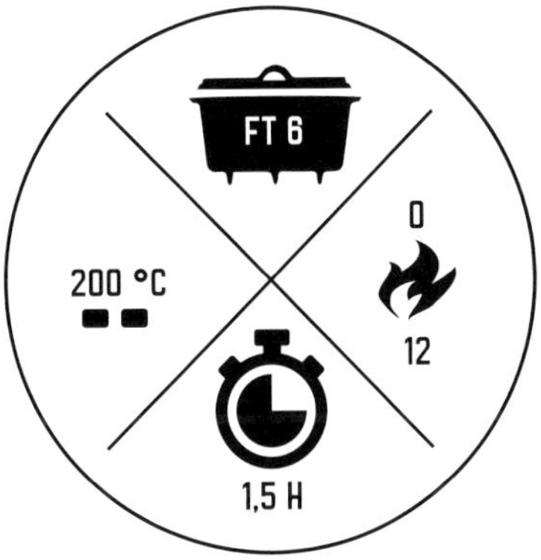

VORBEREITEN:
FISCH 30 MINUTEN MARINIEREN;
12 BRIKETTS DURCHGLÜHEN

1 Den Fisch trocken tupfen und in mundgerechte Stücke schneiden. Die Schale der Limetten fein abreiben und den Saft auspressen. Zwiebeln und Knoblauchzehen schälen und fein hacken. Paprikaschoten und Chili putzen, entkernen und beides in feine Ringe schneiden. Den Koriander fein hacken.

2 Die Hälfte des Knoblauchs zusammen mit dem Limettensaft und etwas Salz in eine Schale geben. Den Fisch hineingeben und ca. 30 Minuten marinieren.

3 Den Dutch Oven mit hoher Unterhitze aufheizen (ca. 200 °C). Dafür die 12 durchgeglühten Briketts unter dem Topf platzieren. Das Olivenöl im Dutch Oven erhitzen und Zwiebeln, restlichen Knoblauch, Paprikas und Chili darin andünsten. Sobald die Zwiebeln glasig sind, die Kokosmilch angießen und die Limettenschale zufügen. Alles einmal aufkochen lassen, dann den Fisch zugeben.

4 Den Deckel auf den Topf legen und alles 10 Minuten garen lassen. Den Koriander unterrühren und weitere 10 Minuten köcheln lassen, bis der Fisch gar ist. Zum Schluss mit Salz und Pfeffer abschmecken.

KABELJAU MIT CHORIZO

¡VIVA ESPAÑA!

FÜR 4 PERSONEN

2 Zwiebeln
1 Knoblauchzehe
150 g milde Chorizo
1 El Tomatenmark
150 ml Rotwein
1 Dose stückige Tomaten (400 g)
30 ml Apfelessig
600 g Kabeljau
Salz
Pfeffer
1 Tl Zucker
1 ½ Tl getrockneter Oregano

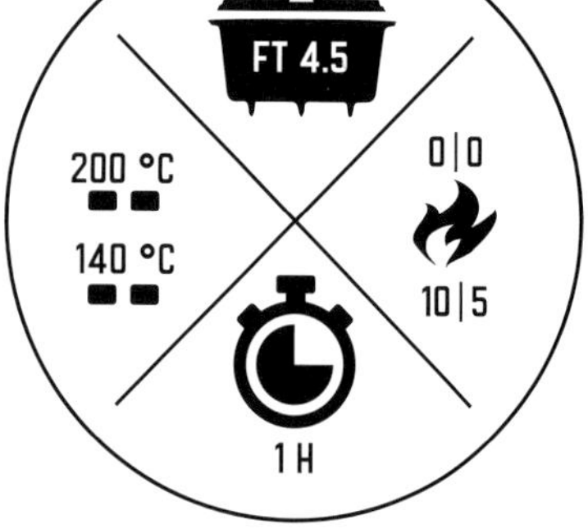

VORBEREITEN: 10 BRIKETTS DURCHGLÜHEN

1 Zwiebeln und Knoblauch schälen und in feine Würfel schneiden. Chorizo in 1 cm große Würfel schneiden.

2 Den Dutch Oven mit hoher Unterhitze aufheizen (ca. 200 °C). Dafür die 10 durchgeglühten Briketts unter dem Topf platzieren. Die Chorizo in den Topf geben und unter Rühren knusprig auslassen. Zwiebeln und Knoblauch zugeben und unter Rühren in dem Chorizofett farbig andünsten. Tomatenmark zugeben und anschwitzen. Die Hälfte des Rotweins zugießen und einreduzieren lassen. Sobald es wieder leicht anfängt zu braten, den restlichen Rotwein zugießen und komplett einkochen lassen. Zum Schluss Tomaten und Essig zugeben.

3 Den Deckel auf den Topf legen und den Dutch Oven auf niedrige Unterhitze umstellen (ca. 140 °C): 5 Briketts unter dem Topf belassen, Rest beiseiteräumen. Alles ca. 10 Minuten köcheln lassen.

4 Inzwischen den Fisch trocken tupfen und in 4 gleich große Stücke teilen. Mit Salz und Pfeffer würzen. Den Fisch zusammen mit Zucker und Oregano in den Dutch geben und zugedeckt 15–20 Minuten im Sud garziehen lassen. Den Fisch zusammen mit dem Chorizo-Tomatensud servieren.

TIPP
Lecker dazu: Kartoffeln, Nudeln oder knuspriges Ciabatta!

THAI-CURRYSUPPE

LECKER MIT GARNELEN

FÜR 4 PERSONEN

1 Gemüsezwiebel
2 Knoblauchzehen
1 rote Chilischote
1 daumengroßes Stück Ingwer
200 g Butter
3 El Currypulver
2 Tl gelbe Currypaste
50 ml roter Portwein
100 ml Weißwein
800 ml Gemüsebrühe
200 ml Apfelsaft
100 ml Orangensaft
1 Orange
1 Apfel
1 Banane
400 g Sahne (alternativ Kokosmilch)
2 Tl Salz
2 Tl Zucker
400 g küchenfertige White-Tiger-Garnelen

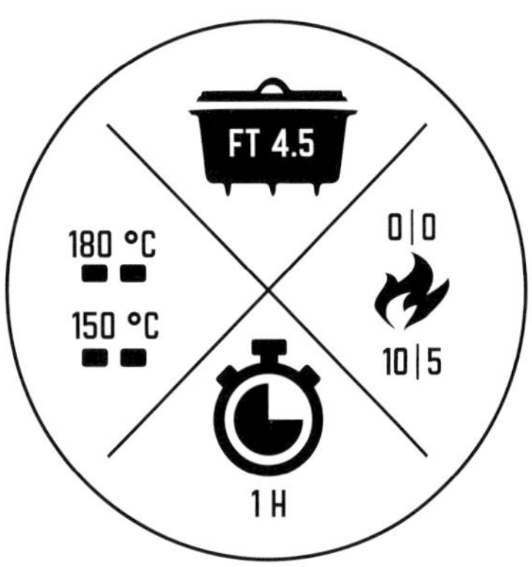

VORBEREITEN: 10 BRIKETTS DURCHGLÜHEN

1 Die Gemüsezwiebel schälen, halbieren und in Scheiben schneiden, diese nochmals halbieren. Knoblauch schälen und hacken. Chili putzen und hacken. Ingwer schälen und in dünne Scheiben schneiden.

2 Den Dutch Oven mit mittlerer Unterhitze aufheizen (ca. 180 °C). Dafür die 10 durchgeglühten Briketts unter dem Topf platzieren. Die Butter in den Dutch Oven geben, die Zwiebel sofort dazugeben und leicht glasig anschwitzen. Knoblauch, Chili und Ingwer zugeben und ebenfalls anschwitzen. Currypulver und Currypaste zugeben und unter Rühren anschwitzen – dabei aufpassen, dass der Curry nicht verbrennt. Mit Portwein und Weißwein ablöschen, kurz etwas einköcheln lassen, dann Gemüsebrühe, Apfelsaft und Orangensaft zugeben.

3 Den Dutch Oven auf niedrige Unterhitze umstellen (ca. 150 °C): 5 Briketts unter dem Topf belassen, Rest beiseiteräumen. Alles ca. 10 Minuten köcheln lassen. Inzwischen die Orange schälen, dabei die weiße Haut gründlich entfernen, dann in kleine Stücke schneiden. Den Apfel halbieren, Stielansatz und Kerngehäuse entfernen, dann ebenfalls in kleine Stücke schneiden. Die Banane schälen und in Scheiben schneiden. Das Obst zur Suppe geben und weitere 10 Minuten köcheln lassen.

4 Die Sahne zugeben und einmal kurz aufkochen lassen. Die Suppe mit Salz und Zucker abschmecken, dann mit einem Pürierstab fein pürieren. Die Garnelen zugeben und 5–8 Minuten (je nach Dicke) in der heißen Suppe gar ziehen lassen.

JAMBALAYA

THE TASTE OF LOUISIANA

FÜR 4 PERSONEN

250 g Chorizo
500 g Hähnchenbrustfilet
2 Knoblauchzehen
2 rote Paprikaschoten
4 Stangen Staudensellerie
3 Fleischtomaten
3 Tl Olivenöl
1 El Tomatenmark
300 g Reis
500 ml Geflügelbrühe
1 Lorbeerblatt
2 Tl Paprikapulver edelsüß
1 Bund Frühlingszwiebeln
20 küchenfertige Garnelen
Salz
Pfeffer

VORBEREITEN: 11 BRIKETTS DURCHGLÜHEN

1 Die Chorizo in feine Würfel schneiden. Hähnchenbrust trocken tupfen und in mundgerechte Würfel schneiden. Knoblauchzehen schälen und fein hacken. Paprikaschoten putzen und in kleine Würfel schneiden. Staudensellerie putzen, schälen und ebenfalls klein würfeln. Bei den Tomaten die Stielansätze herausschneiden und das Fruchtfleisch grob würfeln.

2 Den Dutch Oven mit mittlerer Unterhitze aufheizen (ca. 180 °C). Dafür die 11 durchgeglühten Briketts unter dem Topf platzieren. Das Olivenöl im Dutch Oven erhitzen und Hähnchen und Chorizo darin anbraten. Knoblauch, Paprika, Staudensellerie und Tomaten zugeben und anbraten. Das Tomatenmark zugeben und kurz mitbraten. Dann den Reis zugeben und die Brühe zugießen. Lorbeerblatt und Paprikapulver zugeben und alles gut verrühren.

3 Den Deckel auf den Topf legen und den Dutch Oven auf mittlere Ober-/Unterhitze umstellen (ca. 160 °C): 5 der Briketts auf dem Deckel platzieren, 6 Briketts unter dem Topf belassen. Das Jambalaya ca. 30 Minuten unter gelegentlichem Rühren köcheln lassen, bis der Reis gar ist. Sollte zu wenig Flüssigkeit vorhanden sein, einfach etwas Wasser zugießen.

4 In der Zwischenzeit die Frühlingszwiebeln putzen und in feine Ringe schneiden. Nach 30 Minuten zusammen mit den Garnelen zugeben. Zugedeckt weitere 10 Minuten garen. Mit Salz und Pfeffer abschmecken und servieren.

KAP-08

VEGGIE

ORIENT-LINSENEINTOPF

VEGGIE MIT GEWÜRZFEUERWERK

FÜR 4 PERSONEN

400 g braune Linsen
je 2 rote und gelbe Paprikaschoten
4 Zucchini
2 Zwiebeln
6 Knoblauchzehen
2 rote Chilischoten
2 Dosen stückige Tomaten (je 425 ml)
1 ½ Tl Kreuzkümmel
1 ½ Tl Ras el-Hanout
3 Tl Salz
1 ½ Tl Pfeffer
500 g Joghurt
½ Tl getrocknete Minze
1 Tl Harissa-Paste
1 Bund gehackte Petersilie

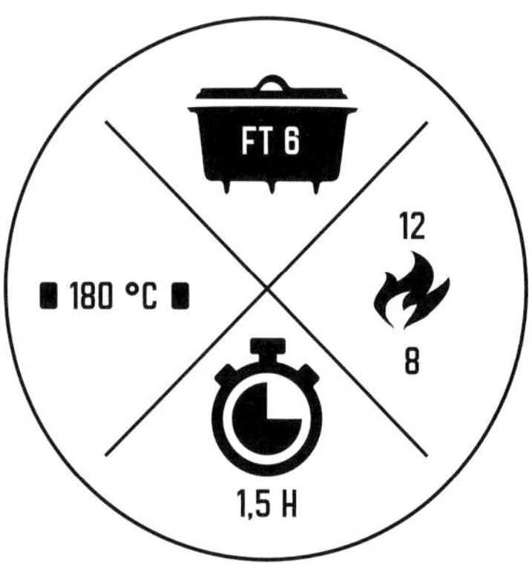

VORBEREITEN: 20 BRIKETTS DURCHGLÜHEN

1 Die Linsen in 800 ml Wasser ca. 20 Minuten vorgaren, dann in ein Sieb abgießen und abtropfen lassen. In der Zwischenzeit Paprikaschoten putzen, vierteln und in grobe Stücke schneiden. Zucchinis putzen und in Scheiben schneiden. Zwiebeln und Knoblauchzehen schälen und hacken. Chilis putzen und in Ringe schneiden.

2 Die Linsen in eine große Schüssel geben. Paprika, Zucchini, Zwiebeln, Knoblauch, Chilis und stückige Tomaten zugeben. Kreuzkümmel, Ras el-Hanout, Salz und Pfeffer zugeben, alles gut vermischen, dann in den kalten Dutch Oven geben.

3 Den Dutch Oven auf mittlere Ober-/Unterhitze einstellen (ca. 180 °C): 8 der durchgeglühten Briketts unter dem Topf, 12 Briketts auf dem Topf platzieren. Den Eintopf 40–50 Minuten schmoren lassen.

4 In der Zwischenzeit den Joghurt mit Minze und Harissa verrühren. Den Linseneintopf mit Petersilie bestreut und mit je einem Klecks Minz-Joghurt servieren.

TIPP
Der Joghurt gibt 'nen frischen Touch und macht's weniger hot!

SCHMORWIRSING MIT MAIS

MAIS ESSEN NUR DIE RINDER, SACHT OPPA

FÜR 4 PERSONEN

2 Köpfe Wirsing
Salz
2 rote Zwiebeln
2 Knoblauchzehen
1 rote Paprikaschote
2 El Öl
3 El Tomatenmark
1 El Paprikamark
1 Tl Chilipulver
1 Tl Piment
1 Tl Cayennepfeffer
1 Tl Pfeffer
1 Tl Kreuzkümmel
1 Dose Mais (Abtropfgewicht 285 g)

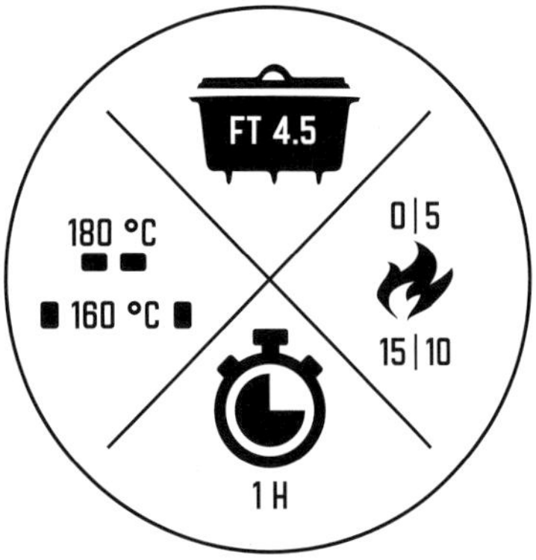

VORBEREITEN: 15 BRIKETTS DURCHGLÜHEN

1 Die Wirsingköpfe putzen und den harten Strunk entfernen. Die Blätter gründlich waschen und in dünne Streifen schneiden, dann in einen Topf mit Salzwasser geben und kurz aufkochen lassen, um die Bitterstoffe zu entfernen. Abgießen.

2 Die Zwiebeln und die Knoblauchzehen schälen und fein hacken. Paprika putzen und fein würfeln.

3 Den Dutch Oven mit mittlerer Unterhitze aufheizen (ca. 180 °C). Dafür die 15 durchgeglühten Briketts unter dem Topf platzieren. Das Öl im Dutch Oven erhitzen und Zwiebeln und Knoblauch darin glasig dünsten. Tomaten- und Paprikamark sowie 2 Tl Salz und die Gewürze dazugeben und gut verrühren. Zum Schluss Paprika und Wirsing untermischen.

4 Den Deckel auf den Topf legen und den Dutch Oven auf mittlere Ober-/Unterhitze umstellen (ca. 160 °C): 5 der Briketts auf dem Deckel platzieren, 10 Briketts unter dem Topf belassen. Das Wirsinggemüse ca. 20 Minuten köcheln lassen. Nach der Garzeit den Mais unterrühren und weitere 10 Minuten garen.

BOHNEN-PAPRIKA-GEMÜSE

JEDES BÖHNCHEN EIN TÖNCHEN ... EGAL!

FÜR 4 PERSONEN

2 rote Zwiebeln

1 Knoblauchzehe

500 g grüne Bohnen

je 1 gelbe und rote Paprikaschote

1 Chilischote

5 Zweige Thymian

250 g Cocktailtomaten

3 El Olivenöl

2 Tl Salz

1 Tl Pfeffer

2 Tl Currypulver

2 Tl Paprikapulver edelsüß

200 ml Gemüsebrühe

100 ml Kokosmilch

1 Bund gehackte glatte Petersilie

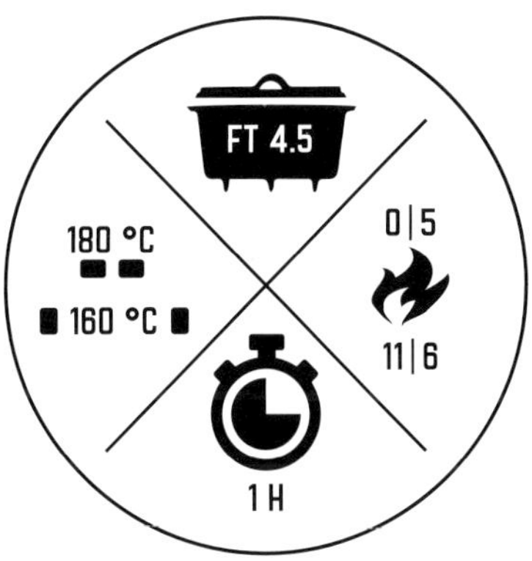

VORBEREITEN: 11 BRIKETTS DURCHGLÜHEN

1 Zwiebeln und Knoblauch schälen und fein hacken. Die Bohnen putzen und in der Mitte halbieren. Paprikaschoten putzen und in grobe Streifen schneiden. Chili putzen, entkernen und fein hacken. Von den Thymianzweigen die Blättchen abzupfen und fein hacken. Cocktailtomaten leicht einritzen.

2 Den Dutch Oven mit mittlerer Unterhitze aufheizen (ca. 180 °C). Dafür die 11 durchgeglühten Briketts unter dem Topf platzieren. Das Öl im Dutch Oven erhitzen und Bohnen und Paprika darin ca. 3 Minuten andünsten. Zwiebeln, Knoblauch, Chili, Thymian und die Gewürze zugeben und kurz mitbraten. Mit Brühe und Kokosmilch ablöschen und die Cocktailtomaten zufügen.

3 Den Deckel auf den Topf legen und den Dutch Oven auf mittlere Ober-/Unterhitze umstellen (ca. 160 °C): 5 der Briketts auf dem Deckel platzieren, 6 Briketts unter dem Topf belassen. Das Gemüse ca. 30 Minuten köcheln lassen. Mit Petersilie bestreut servieren.

PORTWEIN-ZWIEBELN

#ZWIEBELLIEBE

FÜR 4 PERSONEN

2 kg rote Zwiebeln
6 El Olivenöl
¼ l roter Portwein
500 g stückige Tomaten
3 Tl Salz
1 Tl Pfeffer
1 Tl Cayennepfeffer
4 Tl Zucker
1 Bund Thymian
3 Lorbeerblätter

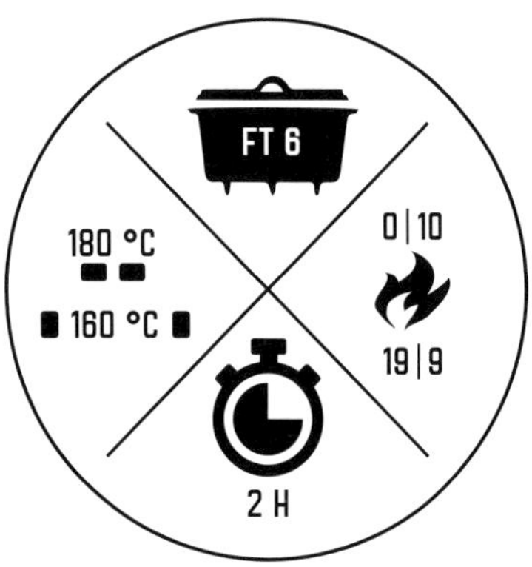

VORBEREITEN: 19 BRIKETTS DURCHGLÜHEN

1 Die Zwiebeln schälen. Den Dutch Oven mit mittlerer Unterhitze aufheizen (ca. 180 °C). Dafür die 19 durchgeglühten Briketts unter dem Topf platzieren. Das Öl im Dutch Oven erhitzen und die Zwiebeln darin unter Rühren 5–10 Minuten anbraten. Mit Portwein ablöschen und Tomaten, Gewürze und Kräuter zugeben.

2 Den Deckel auf den Topf legen und den Dutch Oven auf mittlere Ober-/Unterhitze umstellen (ca. 160 °C): 10 der Briketts auf dem Deckel platzieren, 9 Briketts unter dem Topf belassen. Die Zwiebeln ca. 90 Minuten schmoren, dabei hin und wieder mal umrühren.

TIPP

Super Beilage zu Wild, Steaks oder anderen Rindfleischgerichten oder einfach pur auf Baguette!

BLUMENKOHL-SÜPPCHEN

VOLL AUF DIE ZWÖLF OHNE FLEISCH

FÜR 4 PERSONEN

1 Blumenkohl (ca. 1 kg)
1 weiße Zwiebel
3 mehligkochende Kartoffeln
3 El Butter
100 ml Weißwein
1,2 l Gemüsebrühe
300 g Sahne
100 g geriebener Parmesan
1 Tl Salz
1 Tl Pfeffer
1 Tl gemahlene Muskatnuss

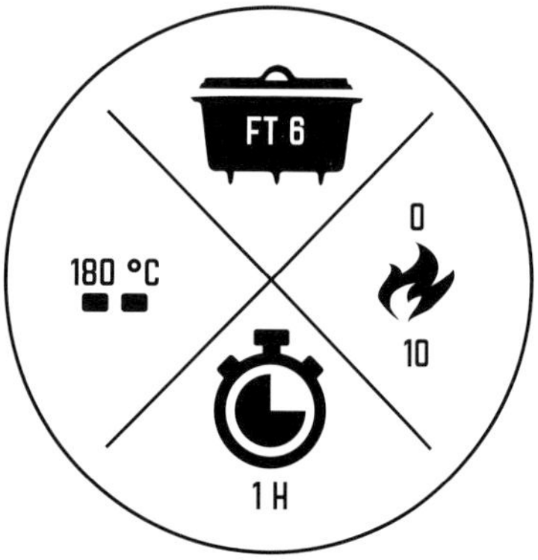

VORBEREITEN: 10 BRIKETTS DURCHGLÜHEN

1 Den Blumenkohl putzen, Strunk und Röschen in kleine Stücke schneiden. Die Zwiebel schälen und würfeln. Kartoffeln schälen und in kleine Stücke schneiden.

2 Den Dutch Oven mit mittlerer Unterhitze aufheizen (ca. 180 °C). Dafür die 10 durchgeglühten Briketts unter dem Topf platzieren. Die Butter in den Topf geben und schmelzen lassen. Zwiebel und Blumenkohl darin anbraten. Den Wein zugießen und kurz einkochen lassen. Kartoffeln und Brühe zugeben und alles 25 Minuten zugedeckt köcheln lassen.

3 Nun die Sahne zugießen und alles mit einem Pürierstab fein pürieren. Parmesan, Salz, Pfeffer und Muskat zugeben, einmal aufkochen lassen, dann servieren.

TIPP

Wenn's nicht unbedingt veggie sein soll, schmeckt knusprig gebratener Bacon superlecker dazu.

TOMATENREIS

WENN MA KEINE ZEIT FÜR RISOTTO IS

FÜR 4 PERSONEN

500 g Naturreis
Salz
4 rote Zwiebeln
5 Knoblauchzehen
1 Stange Lauch
100 g getrocknete Tomaten
5 Fleischtomaten
500 g Cocktailtomaten
3 El Öl
2 El Tomatenmark
250 ml Gemüsebrühe
1 Tl Cayennepfeffer
1 Tl Paprikapulver edelsüß
1 Tl getrockneter Thymian
200 g geriebener Parmesan
1 Bund gehackte glatte Petersilie

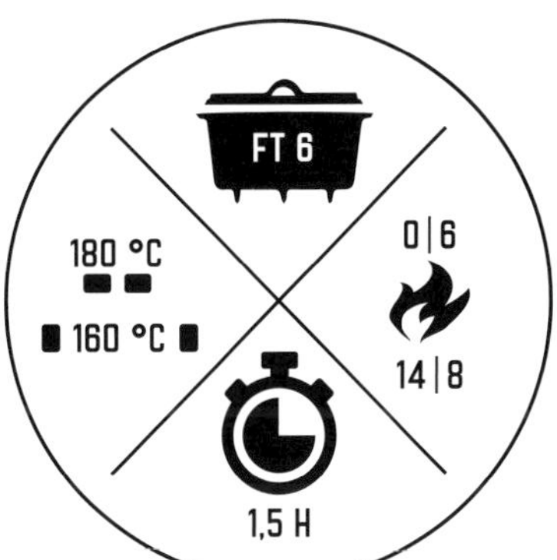

VORBEREITEN: REIS CA. 30 MINUTEN KOCHEN; 14 BRIKETTS DURCHGLÜHEN

1 Den Reis waschen und nach Packungsanweisung in reichlich Salzwasser garen, dann kalt abschrecken.

2 In der Zwischenzeit Zwiebeln und Knoblauchzehen schälen und fein hacken. Den Lauch putzen und in feine Ringe schneiden. Getrocknete Tomaten fein hacken. Die Fleischtomaten halbieren, Stielansätze und Kerne entfernen und anschließend grob würfeln. Die Cocktailtomaten halbieren.

3 Den Dutch Oven mit mittlerer Unterhitze aufheizen (ca. 180 °C). Dafür die 14 durchgeglühten Briketts unter dem Topf platzieren. Das Öl im Dutch Oven erhitzen und das Tomatenmark kurz darin anschwitzen. Zwiebeln, Knoblauch, Lauch und getrocknete Tomaten zugeben und anrösten. Die Fleischtomatenwürfel zugeben und mit der Brühe ablöschen. Zum Schluss den gekochten Reis zufügen und mit 2 Tl Salz und den Gewürzen und Kräutern abschmecken.

4 Den Deckel auf den Topf legen und den Dutch Oven auf mittlere Ober-/Unterhitze umstellen (ca. 160 °C): 6 der Briketts auf dem Deckel platzieren, 8 Briketts unter dem Topf belassen. Den Tomatenreis unter gelegentlichem Rühren ca. 30 Minuten köcheln lassen.

5 Vor dem Servieren den Parmesan, die Cocktailtomaten und die Petersilie unterrühren.

REZEPTVERZEICHNIS

WORAUF HASTE HEUTE BOCK?

LUST AUF SUPPE?

Dann guck mal hier:

HINWEISE ZUM BUCH

GUT ZU WISSEN

ABKÜRZUNGEN

cm = Zentimeter
El = Esslöffel
FP = Fertigprodukt
g = Gramm
kg = Kilogramm
l = Liter
ml = Milliliter
TK = Tiefkühlprodukt
Tl = Teelöffel

ZUTATEN

Bei den Zutatenmengen ist jeweils das Rohgewicht, also das Gewicht des Lebensmittels vor der Verarbeitung, angegeben. Bei Stückangaben gehen wir immer von Lebensmitteln mittlerer Größe aus.

BILDNACHWEIS

Reportagefotos: TLC Fotostudio (S. 23); alle Übrigen: Niklas Thiemann

Foodfotos: TLC Fotostudio

Stoppuhr-Illustration: © Hein Nouwens – stock.adobe.com

VIELEN DANK

Wir hatten mal wieder tolle Unterstützung! Ein großes DANKE geht an die Metzgerei „Der Ludwig", die uns mit ihren Fleischspezialitäten unterstützt hat.

www.Der-Ludwig.de

DER LUDWIG
DIE MARKE. DAS FLEISCH.®